Anne Frank
Aus den Tagebüchern

Aus dem Niederländischen übersetzt
und kommentiert von Simone Schroth

Reclam

RECLAMS UNIVERSAL-BIBLIOTHEK Nr. 19365

Gestaltung: Cornelia Feyll, Friedrich Forssman
Gesamtherstellung: Reclam, Ditzingen. Printed in Germany 2016
RECLAM, UNIVERSAL-BIBLIOTHEK und
RECLAMS UNIVERSAL-BIBLIOTHEK sind eingetragene Marken
der Philipp Reclam jun. GmbH & Co. KG, Stuttgart
ISBN 978-3-15-019365-5

Auch als E-Book erhältlich

www.reclam.de

Aus den Tagebüchern

Vorblatt [a][1]

Ich werde dir, hoffe ich, alles anvertrauen können, so wie ich es noch bei niemandem gekonnt habe, und ich hoffe, dass du mir eine große Stütze sein wirst.

Anne Frank 12. Juni 1942

[a]

Ich habe bisher eine große Stütze an dir gehabt, und auch an unserem lieben Club, dem ich nun regelmäßig schreibe; diese Art, mein Tagebuch zu führen, finde ich viel schöner, und jetzt kann ich es fast nicht erwarten, bis ich Zeit habe, in dich zu schreiben.

28. September 1942 *Anne Frank*

Ich bin oh so froh, dass ich dich mitgenommen habe.

Sonntag, 14. Juni 1942 [a]

Die Seiten, die hierauf folgen, werden, denke ich, alle vom selben Datum sein, denn ich muss dich noch über alles informieren.

Ich fange mal bei dem Augenblick an, als ich dich bekommen habe, also als ich dich auf meinem Geburtstagstisch habe liegen sehen (denn das Kaufen, bei dem ich auch dabei gewesen bin, zählt nicht mit).

Am Freitag, dem zwölften Juni, war ich schon um sechs

1 Mit dem Buchstaben a oder b in eckigen Klammern (»[a]« und »[b]«) wird jeweils angegeben, ob ein Eintrag aus Anne Franks ursprünglichem Tagebuch oder ob es aus der von ihr überarbeiteten Version stammt.

Uhr wach, und das ist sehr begreiflich, da ich Geburtstag hatte.

Aber um sechs Uhr durfte ich noch nicht aufstehen, also musste ich meine Neugierde noch bis Viertel vor sieben bezwingen. Dann hielt ich es nicht länger aus; ich ging ins Esszimmer, wo ich von Moortje (der Katze) mit Kopfstupsern willkommen geheißen wurde.

Die Zwischentüren machte ich natürlich zu. Um kurz nach sieben ging ich zu Papa und Mama und dann ins Wohnzimmer, um meine Geschenke auszupacken; an erster Stelle warst *du* es, was ich zu sehen bekam und was wohl eines meiner schönsten Geschenke ist. Dann einen Strauß Rosen, zwei Zweige Pfingstrosen, eine Pflanze, das waren an diesem Morgen Floras Kinder, die auf meinem Tisch standen, aber es kamen noch viel mehr.

[...]

Dann kam Hanneli mich abholen, und wir gingen in die Schule. In der Pause verteilte ich Butterkekse an Lehrer und Schüler, und dann wieder an die Arbeit.

Als ich nach Hause kam, war es fünf Uhr, denn ich war mit beim Turnen gewesen (obwohl ich nie mitmachen darf, weil ich mir dann Arme und Beine ausrenke) und hatte für meine Klassenkameraden Volleyball als Geburtstagsspiel ausgesucht. Später tanzten sie alle im Kreis um mich herum und sangen »Lang soll sie leben«. Als ich nach Hause kam, war Sanne Ledermann schon da, und Ilse Wagner, Hanneli Goslar und Jacqueline van Maarsen habe ich vom Turnen mitgebracht, denn sie sind in meiner Klasse. Hanneli und Sanne waren früher meine beiden besten Freundinnen, und wer uns zusammen sah, sagte immer, da gehen Anne, Hanne und Sanne. Jacqueline van Maarsen habe ich erst auf dem Jüdischen Lyzeum kennengelernt, und sie ist nun meine beste Freundin. Ilse ist die beste Freundin von Hanneli, und Sanne geht auf eine andere Schule und hat dort ihre Freundinnen. […]

20. Juni 1942 [b]

Es ist für jemanden wie mich ein sehr eigenartiges Gefühl, in ein Tagebuch zu schreiben. Nicht nur, dass ich noch nie geschrieben habe, es kommt mir auch so vor, als würde später weder ich noch jemand anders die Herzensergüsse eines dreizehnjährigen Schulmädchens für wichtig halten. Nun gut, eigentlich kommt es darauf nicht an; ich habe Lust zu schreiben, und noch viel mehr, mein Herz, was allerlei Dinge betrifft, einmal gründlich und ganz und gar zu erleichtern. »Papier ist geduldiger als Menschen«, diese Redensart fiel mir ein, wenn ich an einem meiner eher melancholischen Tage gelangweilt mit dem Kopf in den Händen dasaß und vor Antriebslosigkeit nicht wusste, ob ich ausgehen oder zu Hause bleiben sollte, und deshalb letzten Endes auf demselben Fleck sitzen blieb und grübelte. Ja, tatsächlich, Papier ist geduldig, und da ich nicht vorhabe, jemals jemanden dieses in Karton eingebundene Heft, das den prunkvollen Namen »Tagebuch« trägt, lesen zu lassen, es sei denn, ich finde noch einmal im Leben einen Freund oder eine Freundin, der oder die dann »der« Freund oder »die« Freundin ist, interessiert es wahrscheinlich niemanden.

Nun bin ich an dem Punkt angekommen, an dem die ganze Tagebuchidee angefangen hat: Ich habe keine Freundin.

Um noch deutlicher zu werden, ist hier eine Erklärung nötig, denn niemand wird verstehen, dass ein Mädchen von dreizehn Jahren ganz allein auf der Welt dasteht, und das ist auch nicht so: Ich habe liebe Eltern und eine Schwester von sechzehn, ich habe alles zusammengenommen sicher an die 30 Bekannte und was man so Freundinnen nennt, ich habe eine ganze Menge Verehrer, die mir jeden Wunsch von den Augen ablesen und, wenn es nicht anders geht, in der Klasse mit dem Stück eines Taschenspiegels noch einen Blick auf mich zu erhaschen versuchen; ich habe Familie, liebe Tanten und ein gutes Zuhause; nein, so auf den ersten Blick fehlt es mir an nichts, außer an »der« Freundin. Ich kann mit keiner meiner Bekannten etwas anderes tun als Spaß haben, ich komme nie dazu, einmal über etwas anderes als über alltägliche Dinge zu sprechen oder etwas Vertraulicheres anzusprechen, und genau das ist das Problem. Vielleicht liegt dieser Mangel an Vertraulichkeit bei mir, jedenfalls ist es eine Tatsache und lässt sich, so schade das auch ist, nicht aus der Welt schaffen. Darum dieses Tagebuch. Um nun die Vorstellung der so lange ersehnten Freundin in meiner Fantasie noch lebendiger werden zu lassen, werde ich nicht wie jeder andere einfach so die Tatsachen in dieses Tagebuch schreiben, sondern ich will dieses Tagebuch die Freundin selbst sein lassen, und diese Freundin heißt Kitty.

Da niemand etwas von meinen Geschichten für Kitty verstehen würde, wenn ich einfach so mit der Tür ins Haus falle, muss ich kurz meine Lebensgeschichte wiedergeben, so ungern ich das auch tue. Mein Vater, der liebste Schatz von einem Vater, den ich kenne, heiratete erst im Alter von 36

Jahren meine Mutter, die damals 25 war. Meine Schwester Margot wurde 1926 geboren, in Frankfurt am Main in Deutschland. Am 12. Juni 1929 folgte ich, und weil wir Vollblut-Juden sind, emigrierten wir 1933 in die Niederlande, wo mein Vater als Direktor der niederländischen Opekta Gesellschaft zur Marmeladenherstellung angestellt wurde. Unser Leben verlief nicht ohne einige Aufregung, da die restliche Familie in Deutschland nicht von Hitlers Judengesetzen verschont blieb. 1938, nach den Pogromen, flüchteten meine beiden Onkel, Brüder von Mutter, und kamen sicher in Nordamerika an; meine alte Großmutter zog zu uns; sie war damals 73 Jahre alt. Nach Mai 1940 ging es bergab mit den guten Zeiten; erst der Krieg, die Kapitulation, der Einmarsch der Deutschen, und das Elend für uns Juden begann. Judengesetz folgte auf Judengesetz, und unsere Freiheit wurde sehr eingeschränkt, aber es ist noch zu ertragen, trotz des Sterns, der Trennung der Schulen, der Zuhausezeit usw. usw.

Oma starb im Januar 1942, Margot und ich mussten im Oktober 1941 auf das Jüdische Lyzeum wechseln. Sie in die vierte, ich in die erste Klasse. Unserer Vidererfamilie geht es immer noch gut, und so bin ich dann beim heutigen Datum angelangt, wo die feierliche Einweihung meines Tagebuchs beginnt.

Amsterdam
20. Juni 1942

Anne Frank

20. Juni 1942 Samstag [b]

Liebe Kitty,
dann fange ich gleich an; es ist gerade so schön ruhig, Vater und Mutter sind ausgegangen, und Margot ist mit ein paar jungen Leuten bei ihrer Freundin Trees, zum Pingpong. Pingpong spiele ich in letzter Zeit auch sehr viel, sogar so viel, dass wir mit fünf Mädchen einen Club gegründet haben. Der Club heißt »Der Kleine Bär minus zwei«; das ist natürlich ein sehr verrückter Name, aber er geht auf einen Irrtum zurück. Wir wollten einen ganz besonderen Namen für unseren Club und dachten alle fünf an die Sterne. Wir glaubten, dass der Große Bär aus sieben und der Kleine Bär aus fünf Sternen besteht, fragten aber nach und fanden heraus, dass sie alle beide sieben haben. Darum »minus zwei«. Ilse Wagner hat ein Pingpong-Spiel, und das große Esszimmer der Wagners steht uns jederzeit zur Verfügung; Susanne Ledermann ist unsere Vorsitzende, Jacqueline van Maarsen Sekretärin, Elisabeth Goslar, Ilse und ich sind die übrigen Mitglieder. Da wir fünf Pingpong-Spielerinnen vor allem im Sommer sehr gern Eis essen und man beim Pingpong ins Schwitzen kommt, läuft es meistens darauf hinaus, dass wir zu einer der nächsten Eisdielen gehen, die Juden besuchen dürfen, in die Oase oder ins Delphi. Nach Portemonnaies oder Geld suchen wir schon gar nicht mehr; in der Oase ist meistens so viel los, dass sich unter den ganzen Leuten immer einige großzügige Herren aus unserem großen Bekanntenkreis oder der eine oder andere Verehrer finden lassen, und die bieten uns mehr Eis an, als wir in einer Woche essen können.

Ich denke, du wirst ein bisschen erstaunt darüber sein, dass ich, so jung wie ich bin (die Jüngste im Club), von Verehrern spreche. Leider, oder in manchen Fällen auch wieder nicht leider – dieses Übel scheint bei uns auf der Schule unvermeidbar zu sein. Sobald ein Junge fragt, ob er mich mit dem Fahrrad nach Hause begleiten darf, und ein Gespräch begonnen wird, kann ich in neun von zehn Fällen davon ausgehen, dass der betreffende Jüngling die lästige Angewohnheit hat, sofort Feuer und Flamme zu sein, und mich nicht mehr aus den Augen lässt. Wenn einige Zeit vergeht, nimmt diese Verliebtheit natürlich wieder ab, vor allem, weil ich mir aus den feurigen Blicken nicht viel mache und fröhlich weiterradle. Wenn es mir zu bunt wird und sie davon zu brabbeln anfangen, dass sie mit Vater sprechen wollen, lasse ich mein Fahrrad ein bisschen wackeln, meine Tasche fällt runter, der junge Mann muss anstandshalber absteigen, und nachdem er die Tasche wieder abgeliefert hat, habe ich längst wieder ein anderes Gesprächsthema gefunden. Das sind noch die Harmlosesten; es gibt natürlich auch welche, die mir Küsschen zuwerfen oder versuchen, einen Arm zu ergattern, aber da sind sie bei mir ganz und gar an der falschen Adresse; ich steige ab und weigere mich, weiter in der Gesellschaft des Jungen zu bleiben, oder ich bin angeblich beleidigt und lasse ihn in deutlichen Worten wissen, dass er nach Hause gehen kann.

Siehst du, der Grundstein für unsere Freundschaft ist gelegt, bis morgen.

Deine Anne

21. Juni 1942 *Sonntag* [b]

Liebe Kitty,

unsere ganze 1L11 bibbert; der Anlass ist natürlich die in Aussicht gestellte Lehrerkonferenz. Die halbe Klasse schließt Wetten darüber ab, wer es in die nächste schafft und wer sitzenbleibt. G. Z., meine Tischnachbarin, und ich lachen uns kaputt über unsere beiden Hintermänner, C. N. und Jacques Kokernoot, die ihr gesamtes Ferienkapital in Wetten gegeneinander eingesetzt haben. »Du schaffst es«, »Niemals«, »Doch, klar«; von morgens früh bis abends spät, und selbst G. Z.s um Ruhe flehende Blicke und meine bösen Bemerkungen können die zwei nicht zur Ruhe bringen. Meiner Ansicht nach müsste ein Viertel der ganzen Klasse sitzenbleiben, solche Dummköpfe sitzen da drin, aber Lehrer sind die unberechenbarsten Menschen, die es gibt; vielleicht sind sie jetzt, ausnahmsweise, einmal auf die richtige Weise unberechenbar.

Um meine Freundinnen und mich selbst mache ich mir keine so großen Sorgen, ein paar Zusatzaufgaben und Nachprüfungen, und damit müssten wir eigentlich durchkommen. Nur in Mathematik bin ich unsicher. Nun ja, wir müssen abwarten. Bis dahin sprechen wir einander Mut zu.

Ich komme mit all meinen Lehrern und Lehrerinnen ziemlich gut aus; insgesamt sind es neun an der Zahl, davon sieben männlich und zwei weiblich. Herr Keesing, der alte Mathematik-Mensch, war eine Zeitlang sehr böse auf mich, weil ich so viel schwätzte; eine Ermahnung folgte der anderen, bis ich eine Strafarbeit bekam. Einen Aufsatz zum Thema »Eine Quasseltante«. Eine Quasseltante, was soll man denn da schreiben? Darum würde ich mich später kümmern; ich trug es in meinen Kalender ein, steckte ihn in die Tasche und versuchte still zu sein.

Am Abend zu Hause, als die anderen Aufgaben erledigt waren, fiel mein Blick auf die Notiz über den Aufsatz. Mit dem Ende meines Füllfederhalters im Mund begann ich über das Thema nachzudenken; einfach so etwas faseln und die Wörter so weit wie möglich auseinanderschreiben, das kann jeder, aber einen überzeugenden Beweis für die Notwendigkeit des Schwätzens zu finden, das war die Kunst. Ich überlegte und überlegte; dann hatte ich plötzlich eine Idee, schrieb die mir aufgegebenen drei Seiten voll und war zufrieden. Als Gründe hatte ich angeführt, dass Schwätzen weiblich ist, dass ich wirklich mein Bestes tun würde, um es ein wenig einzuschränken, aber ganz abgewöhnen würde ich es mir sicher nie, da meine Mutter genauso viel redete wie ich, wenn nicht noch mehr, und dass man bei vererbten Eigenschaften nun einmal wenig machen kann.

Herr Keesing musste über meine Argumente sehr lachen, aber als ich meine Plauderrunde in der nächsten Stunde doch wieder aufnahm, folgte auch der zweite Aufsatz. Diesmal sollte es um »eine unverbesserliche Quasseltante« gehen. Auch der wurde abgeliefert, und Keesing hatte zwei Stunden lang keinen Grund zur Klage. In der dritten Stunde wurde es ihm allerdings wieder zu bunt. »Anne Frank, als Strafarbeit fürs Reden einen Aufsatz zum Thema ›Queck, queck, queck, sagte Fräulein Schnatterbeck‹.« Die Klasse brach in lautes Gelächter aus. Ich musste mitlachen, obwohl mein Erfindungsreichtum auf dem Gebiet von Quasselaufsätzen erschöpft war. Ich musste etwas anderes, ganz Originelles als Antwort finden. Der Zufall kam mir zu Hilfe; meine Freundin Sanne, eine gute Dichterin, bot mir ihre Unterstützung dabei an, den Aufsatz von vorne bis hinten in Reimen abzugeben. Ich jubelte. Keesing wollte mich mit diesem blödsinnigen Thema hochnehmen; ich würde ihn mit meinem Gedicht gleich dreifach hochnehmen.

Das Gedicht wurde verfasst, und es war prächtig! Es handelte von einer Mutter Ente und einem Vater Schwan, mit drei kleinen Entchen, die wegen zu viel Quaken vom Vater totgebissen wurden. Keesing verstand den Spaß zum Glück gut; er las das Gedicht mit Kommentar in der Klasse vor und in verschiedenen anderen Klassen auch noch. Seitdem durfte ich schwätzen und bekam nie wieder eine Strafarbeit; im Gegenteil, Keesing macht jetzt immer seine Witzchen.

Deine Anne

Mittwoch, 24. Juni 1942 [b]

Liebe Kitty,
es ist brütend heiß, jeder schnauft und brät vor sich hin, und in dieser Hitze muss ich alle Wege zu Fuß gehen. Jetzt sehe ich erst, was für eine schöne Sache eine Straßenbahn doch ist, vor allem eine offene, aber die dürfen wir Juden nicht mehr genießen; für uns sind die eigenen Füße gut genug. Gestern musste ich mittags zum Zahnarzt in die Jan Luikenstraat; von unserer Schule am Stadtgarten aus ist das ein langer Weg; in der Schule schlief ich dann nachmittags auch fast ein. Ein Glück, dass die Leute einem von selbst etwas zu trinken anbieten; die Schwester beim Zahnarzt ist wirklich freundlich. Das Einzige,

was wir noch benutzen dürfen, ist die Fähre; an der Jozef-Israëls-Kade gibt es ein kleines Boot, dessen Fährmann uns sofort mitnahm, als wir ihn baten, uns überzusetzen. An den Holländern liegt es wirklich nicht, dass wir Juden so eine schreckliche Zeit haben. Ich wollte nur, ich müsste nicht zur Schule; mein Fahrrad ist in den Osterferien gestohlen worden, und das von Mutter hat Vater bei christlichen Bekannten in Aufbewahrung gegeben. Aber zum Glück stehen die Ferien schon fast vor der Tür; noch eine Woche, und alles ist überstanden. Gestern Morgen ist mir etwas Schönes passiert; ich ging am Fahrradständer vorbei, als jemand nach mir rief. Ich wandte mich um und sah einen netten Jungen hinter mir stehen, den ich am Abend zuvor bei Wilma kennengelernt hatte. Er kam ein wenig verlegen näher und stellte sich als Hello Silberberg vor. Ich war ein bisschen erstaunt und wusste nicht genau, was er wollte, aber das stellte sich bald heraus. Hello wollte meine Gesellschaft genießen und mich zur Schule bringen. »Wenn du sowieso in dieselbe Richtung musst, gehe ich gerne mit«, antwortete ich, und so gingen wir zusammen. Hello ist schon sechzehn und kann über allerlei Dinge nett erzählen; heute Morgen hat er wieder auf mich gewartet, und in Zukunft wird das nun wohl so bleiben.

Anne

Mittwoch, 1. Juli 1942 [b]

Liebe Kitty,
bis heute habe ich wirklich keine Zeit finden können, wieder zu schreiben. Am Donnerstag war ich den ganzen

Nachmittag bei Bekannten, am Freitag hatten wir Besuch, und so ging es immer weiter bis heute.

Hello und ich haben einander in dieser Woche gut kennengelernt, er hat mir viel über sein Leben erzählt; er kommt aus Gelsenkirchen und ist ohne seine Eltern bei seinen Großeltern hier in den Niederlanden. Seine Eltern sind in Belgien; für ihn gibt es keine Möglichkeit, auch dort hinzukommen. Hello hatte ein Mädchen namens Ursula, ich kenne sie sogar; ein Muster an Sanftheit und Langeweile; seit er mich getroffen hat, ist Hello zu der Erkenntnis gekommen, dass er an Ursuls [sic] Seite einschläft. Ich bin also eine Art Wachhaltemittel für ihn; ein Mensch weiß nie, wozu er im Leben gebraucht wird!

Am Montagabend war Hello bei uns zu Hause, um Vater und Mutter kennenzulernen; ich hatte Torte und Süßigkeiten geholt, Tee und Kekse, alles gab es, aber weder Hello noch ich hatten Lust dazu, so nebeneinander auf einem Stuhl zu sitzen; wir sind spazieren gegangen, und erst um zehn nach acht wurde ich daheim abgeliefert. Vater war sehr böse, fand es keine Art, dass ich zu spät zu Hause war; ich musste versprechen, in Zukunft schon um zehn vor acht drinnen zu sein. Am kommenden Samstag bin ich bei ihm eingeladen. Meine Freundin Jacque zieht mich immer mit Hello auf; ich bin aber wirklich nicht verliebt; oh nein, ich darf doch wohl Freunde haben, niemand findet da etwas dabei.

Vater ist in letzter Zeit viel zu Hause; in der Firma hat er nichts mehr zu suchen; es muss ein grässliches Gefühl sein, sich so überflüssig vorzukommen. Herr Kleiman hat Opekta übernommen, und Herr Kugler Gies & Co., die Gesellschaft für (Ersatz-)Kräuter, die erst 1941 gegründet wurde.

Als wir vor ein paar Tagen zusammen in der Nachbarschaft spazieren waren, fing Vater an, über Verstecken zu sprechen; er sprach davon, dass es sehr schwierig für uns sein würde, ganz abgeschnitten von der Welt zu leben. Ich fragte ihn, warum er denn nun schon darüber sprach. »Ja, Anne«, sagte er daraufhin, »du weißt, dass wir schon seit mehr als einem Jahr Kleidung, Lebensmittel und Möbel zu anderen Leuten bringen; wir wollen unseren Besitz nicht in die Hände der Deutschen fallen lassen, aber noch weniger wollen wir selbst aufgegriffen werden. Wir werden darum aus eigener Entscheidung weggehen und nicht warten, bis wir abgeholt werden.«

»Aber Vater, wann denn?«

Ich bekam Angst, weil Vater das mit so großem Ernst sagte.

»Keine Sorge, das regeln wir schon; genieße du dein sorgloses Leben, solange das noch geht.«

Das war alles. Oh, wenn es bis zur Erfüllung dieser ernsten Worte nur noch lange dauert.

Deine Anne

Mittwoch, 8. Juli 1942 [a][2]

Ich muss jetzt eine ganze Menge in mein Tagebuch schreiben; am Sonntag war Hello bei mir; am Samstag waren wir mit Freddie Weiss unterwegs, natürlich u.a. auch in der

2 Damit die Leser einen Eindruck von den Unterschieden zwischen Anne Franks ursprünglichen Tagebucheinträgen (Version a) und der von ihr im Hinblick auf eine Veröffentlichung erstellten Version b erhalten, erscheinen die Briefe, in denen über die Flucht ins Versteck berichtet wird, im Folgenden in beiden Fassungen.

Oase. Am Sonntagmorgen lagen Hello und ich auf unserem Balkon in der Sonne; am Sonntagnachmittag sollte er wiederkommen, aber ungefähr um drei Uhr kam ein Polizist zu Mutter, der unten an der Tür nach Frl. Margot Frank rief; Mutter ging nach unten und bekam von dem Polizisten eine Karte, auf der stand, dass Margot Frank sich bei der SS zu melden hätte.

Mutter war völlig außer sich und ging sofort zu Herrn van Pels; er kam sofort mit zu uns, und mir wurde gesagt, dass Papa einen Aufruf bekommen hatte. Die Tür wurde abgeschlossen, und niemand durfte mehr in unsere Wohnung. Papa und Mama hatten schon lange Maßnahmen getroffen, und Mutter versicherte mir, dass Margot nicht gehen würde und dass wir am folgenden Tag alle zusammen weggehen würden. Ich fing natürlich sehr an zu weinen, und es war eine schreckliche Unruhe bei uns im Haus. Papa und Mama hatten schon lange sehr viele Sachen aus unserer Wohnung geschafft, aber wenn es darauf ankommt, vergisst man doch so vieles.

Miep Gies und ihr Mann Jan kamen dann bis um elf Uhr abends, um noch Sachen abzuholen. Wir gingen am folgenden Tag schon um Viertel vor acht aus dem Haus, und ich hatte eine kombineschen an, dann zwei Hemden und zwei Hosen, außerdem ein Kleid und einen Rock, dann eine Wollweste und eine Jacke; es goss, also setzte ich ein Kopftuch auf, und Mama und ich nahmen jede eine Schultasche unter den Arm. Margot stieg auch mit einer Schultasche aufs Fahrrad, und wir mussten zum Büro laufen.

Papi und Mami erzählten mir jetzt eine ganze Menge. Wir würden in Papis Büro gehen, und da oben war eine

Etage für uns freigemacht worden. Die van Pels' würden auch kommen, dann wären wir also zu siebt, die Katze der van Pels' würde auch mitkommen, dann hätten wir ein bisschen Abwechslung.

Wir kamen gut im Büro an, und dann gingen wir sofort nach oben, da war erst das WC und dann ein kleines Badezimmer mit einem neuen Waschtisch, daran grenzte ein kleines Zimmer mit zwei Diwanbetten, das war das Zimmer von Margot und mir. Da waren drei Wandschränke, daran grenzte wieder ein Zimmer, das von Papa und Mama, da standen wieder zwei Diwanbetten und zwei kleine Tische mit einem Rauchertischchen und ein Bücherregal und auch ein Wandschrank, darin standen 150 Dosen Gemüse und allerlei andere Vorräte, dann kamen wir in einen kleinen Gang, und dann waren da wieder zwei Türen, die eine führte in den Flur, und dann konnte man nach unten und in Papas Büro. Und eine führte wieder in unser Badezimmer, dann führte eine sehr steile Treppe nach oben, und da ist eine große Wohnküche, von den van Pels', mit einem kleinen Zimmer für Peter, und dann kam ein Dachboden mit einem Oberboden.

Es ist hier alles gar nicht so schlimm, denn wir können selbst kochen und unten in Papis Büro Radio hören.

Ich kann jetzt ganz offen alle Namen und alles in mein Tagebuch schreiben. Herr Kleiman und Miep und auch Bep Voskuijl haben uns so geholfen; wir haben schon Rhabarber, Erdbeeren und Kirschen gehabt, und ich glaube nicht, dass wir uns hier vorläufig langweilen werden.

Herr van Pels erzählt herum, dass Papa mit einem Hauptmann aus der Armee befreundet ist und der ihm geholfen hat, nach Belgien zu kommen; diese Geschichte kennt nun jeder, und wir amüsieren uns darüber. Zu lesen haben wir auch, und wir kaufen noch ganz viele Spiele.

Aus dem Fenster schauen oder nach draußen gehen dürfen wir natürlich nie. Außerdem müssen wir leise sein, denn unten dürfen sie uns nicht hören.

Jetzt höre ich auf, denn ich habe noch viel zu tun.

Mittwoch, 8. Juli 1942 [b]

Liebe Kitty,
zwischen Sonntagmorgen und jetzt scheint ein Abstand von Jahren zu liegen; es ist so viel passiert, dass es ist, als hätte sich die ganze Welt plötzlich umgedreht, aber Kitty, du merkst, dass ich noch lebe, und das ist die Hauptsache, sagt Vater.

Ja, tatsächlich, ich lebe noch, aber frag nicht, wo und wie. Ich glaube, dass du heute gar nichts von mir begreifst, darum werde ich damit anfangen, dir zu erzählen, was am Sonntagnachmittag passiert ist.

Um drei Uhr (Hello war kurz weggegangen und wollte später zurückkommen) klingelte jemand an der Tür; ich hörte es nicht, da ich faul im Liegestuhl auf der Veranda in der Sonne lag und las. Ein wenig später erschien Margot in aufgeregtem Zustand an der Küchentür. »Für Vater ist ein Aufruf von der SS gekommen«, flüsterte sie, »Mutter ist schon zu Herrn van Pels gegangen.«

Ich bekam einen entsetzlichen Schreck, ein Aufruf, jeder weiß, was das bedeutet, Konzentrationslager und einsame Zellen sah ich schon vor meinem geistigen Auge erscheinen, und dorthin würden wir Vater ziehen lassen müssen. »Er geht natürlich nicht«, erklärte mir Margot, als wir im

Zimmer saßen und auf Mutter warteten, »Mutter ist zu Herrn van Pels, um zu fragen, ob wir morgen in unser Versteck können. Die van Pels' werden sich mit uns verstecken. Wir sind dann da zu siebt.« Stille. Wir konnten nicht mehr sprechen; der Gedanke an Vater, der, nichts Böses ahnend, jemanden im Jüdischen Krankenhaus besuchte, das Warten auf Mutter, die Hitze, die Anspannung, das alles ließ uns schweigen.

Plötzlich klingelte es wieder. »Das ist Hello«, sagte ich. »Nicht aufmachen«, hielt Margot mich zurück, aber das war überflüssig; wir hörten Mutter und Herrn van Pels unten mit Hello sprechen; dann kamen sie herein und schlossen die Tür hinter sich ab. Bei jedem Klingeln mussten Margot und ich nun leise nach unten gehen, um nachzuschauen, ob es Vater war; sonst ließen wir niemanden herein.

Margot und ich wurden aus dem Zimmer geschickt; Herr van Pels wollte mit Mutter allein sprechen. (Herr van Pels ist ein Bekannter und Teilhaber in Vaters Firma.) Als Margot und ich in unserem Schlafzimmer saßen, erzählte sie, dass der Aufruf nicht für Vater, sondern für sie gewesen war. Ich erschrak wieder und fing an zu weinen. Margot ist sechzehn; so junge Mädchen wollen sie also allein weggehen lassen; aber ein Glück, sie würde nicht gehen, Mutter hatte es selbst gesagt, und sicher hatte das auch Vater mit seinen Worten gemeint, als er mit mir über das Verstecken sprach.

Verstecken, wo würden wir uns verstecken, in der Stadt, auf dem Land, in einem Haus, in einer Hütte, wann, wie, wo? ... Das waren viele Fragen, die ich nicht stellen konnte und die doch immer wieder zurückkamen. Margot und ich fingen an, das Nötigste in eine Schultasche zu packen; das

Erste, was ich hineinstopfte, war dieses gebundene Heft; danach Lockenwickler, Taschentücher, Schulbücher, einen Kamm, alte Briefe; ich dachte ans Verstecken und stopfte dadurch den verrücktesten Blödsinn in die Tasche, aber es tut mir nicht leid, Erinnerungen sind mir wichtiger als Kleider.

Um fünf Uhr kam Vater endlich nach Hause; wir riefen Herrn Kleiman an und fragten, ob er noch am selben Abend würde kommen können. Herr van Pels ging weg und holte Miep. Miep kam, nahm einige Schuhe, Kleider, Jacken, Unterwäsche und Strümpfe in einer Tasche mit und versprach, abends wiederzukommen. Danach war es still in unserer Wohnung; keiner von uns vieren wollte essen; es war noch warm und alles war sehr seltsam. Unser großes Zimmer im Oberstock hatten wir an einen gewissen Herrn Goldschmidt vermietet, einen geschiedenen Mann in den Dreißigern, der an diesem Abend anscheinend nichts zu tun hatte; darum saß er bis um zehn bei uns herum und war einfach nicht wegzukriegen.

Um elf Uhr kamen Miep und Jan Gies; Miep ist seit 1933 bei Vater in der Firma angestellt und eine sehr gute Bekannte geworden, genauso ihr frischgebackener Ehemann Jan. Wieder verschwanden Schuhe, Strumpfhosen, Bücher und Unterwäsche in Mieps Tasche und Jans tiefen Manteltaschen; um halb zwölf waren auch sie verschwunden.

Ich war todmüde, und obwohl ich wusste, dass es die letzte Nacht in meinem Bett sein würde, schlief ich sofort ein und wurde erst um halb sechs in der Früh von Mutter geweckt. Zum Glück war es weniger heiß als am Sonntag; den ganzen Tag fiel ein warmer Regen. Wir zogen uns alle vier so dick an, als müssten wir in einem Eisschrank übernachten, und das nur, um noch ein paar Kleidungsstücke mitzunehmen. Kein Jude würde es in unserem Zustand gewagt haben, mit einem Koffer voller Kleidung aus dem Haus zu gehen. Ich hatte zwei Unterhemden, drei Hosen, ein Kleid, darüber einen Rock, eine Jacke, eine Sommerjacke, zwei Paar Strümpfe, geschlossene Schuhe, eine Mütze, einen Schal und noch viel mehr an; ich erstickte zu Hause schon, aber danach fragte niemand. Margot stopfte ihre Schultasche mit Schulbüchern voll, holte ihr Fahrrad aus dem Ständer und fuhr hinter Miep her, in eine mir unbekannte Ferne. Ich wusste nämlich immer noch nicht, wo unser geheimnisvoller Bestimmungsort sein würde.

Um halb acht schlossen wir die Tür hinter uns; die Einzige, von der ich Abschied nehmen musste, war Moortje, meine kleine Katze, die ein gutes Zuhause bei den Nachbarn bekommen sollte, wie auf einem Zettel stand, der an Herrn Goldschmidt adressiert war.

Die abgezogenen Betten, die Frühstückssachen auf dem Tisch, ein Pfund Fleisch für die Katze in der Küche, das alles erweckte den Eindruck, als wären wir Hals über Kopf weggegangen. Eindrücke waren uns egal, weg wollten wir, einfach nur weg, sicher ankommen, sonst nichts.

Morgen Fortsetzung.

Deine Anne

Donnerstag, 9. Juli 1942 [b]

Liebe Kitty,

so liefen wir dann durch den strömenden Regen, Vater, Mutter und ich; jeder mit einer Schul- und einer Einkaufstasche, bis oben hin vollgestopft mit lauter durcheinanderliegenden Dingen. Die Arbeiter, die früh auf dem Weg zur Arbeit waren, schauten uns voller Mitleid nach; auf ihren Gesichtern war deutlich das Bedauern darüber zu lesen, dass sie uns keinerlei Fahrzeug anbieten konnten; der auffällig gelbe Stern sprach für sich selbst.

Erst als wir auf der Straße waren, erzählten mir Vater und Mutter häppchenweise den ganzen Versteckplan. Schon monatelang hatten wir so viel von unserem Hausrat und unserer Leibwäsche wie möglich weggeschafft, und nun waren wir gerade so weit, dass wir uns freiwillig am 16. Juli verstecken wollten. Durch diesen Aufruf war dieser Versteckplan um zehn Tage vorgezogen worden, sodass wir uns mit weniger gut geordneten Wohnungen würden zufriedengeben müssen.

Der Versteckplatz selbst würde sich in Vaters Bürogebäude befinden. Das ist für Außenstehende ein bisschen schwer zu verstehen, darum werde ich es näher erklären. Vater hat nicht viel Personal gehabt, Herrn Kugler, Kleiman und Miep, außerdem noch Bep Voskuijl, die dreiundzwanzigjährige Stenotypistin, die alle wussten, dass wir kommen würden. Im Lager der Lagerverwalter, Herr Voskuijl, der Vater von Bep, dem wir nichts gesagt hatten, und zwei Arbeiter.

Das Gebäude ist wie folgt aufgeteilt: Im Parterre ist ein großes Magazin, das als Lagerraum benutzt wird, das ist wieder unterteilt in verschiedene kleinere Räume, zum Beispiel die Mahlkammer, wo Zimt, Nelken und Pfefferersatz gemahlen werden; die Vorratskammer und die Veranda. Neben der Tür zum Lager befindet sich die normale Haustür, die über eine Zwischentür den Zugang zu einer Treppe ermöglicht. Oben an der Treppe erreicht man eine

Tür aus Halbmattglas, auf der früher in schwarzen Buchstaben »Kontor« stand. Das ist das große vordere Büro, sehr groß, sehr hell, sehr voll. Tagsüber arbeiten dort Bep, Miep und Herr Kleiman. Über einen kleinen Raum mit Panzerschrank, Garderobe und großem Vorratsschrank kommt man in das kleine, muffige, dunkle Direktorenzimmer. Da saßen früher Herr Kugler und Herr van Pels, jetzt nur noch der Erstgenannte. Man kann auch durch den Flur Kuglers Büro erreichen, aber nur durch eine Glastür, die man zwar von innen, von außen jedoch nicht ohne weiteres öffnen kann. Von Kuglers Büro aus führt der lange schmale Flur an der Kohlenecke vorbei, vier Stufen, das Prunkstück des ganzen Gebäudes, das Privatbüro. Vornehme dunkle Möbel, Linoleum und Teppiche auf dem Boden, Radio, schicke Lampe, alles prima-prima; daneben eine große, geräumige Küche mit Warmwasserbereiter und zwei Gaskochern und daneben das WC. Das ist der erste Stock.

Vom unteren Flur aus führt eine gewöhnliche Holztreppe nach oben. Oben ist ein kleiner Vorplatz, den wir Flur nennen. Rechts und links davon gibt es eine Tür, die linke führt ins Vorderhaus mit der Gewürzkammer, dem Zwischenzimmer, dem Vorzimmer, dem vorderen Dachboden und dem vorderen Oberboden. Von diesem vorderen Gebäudeteil geht auf der anderen Seite auch noch eine lange, übersteile, echte holländische Beinbrechtreppe zur zweiten Haustür.

Rechts vom Flur befindet sich »das Hinterhaus«. Kein Mensch würde vermuten, dass sich hinter der einfachen, graubemalten Tür so viele Zimmer verbergen. Vor der Tür gibt es eine Schwelle, und dann ist man drin. Rechts gegenüber der Eingangstür eine steile Treppe, links ein kleiner

Flur und ein Zimmer; dieses Zimmer sollte das Wohnzimmer und Schlafzimmer der Familie Frank werden, daneben noch ein kleineres Zimmer, Schlaf- und Arbeitszimmer der beiden jungen Damen Frank. Rechts von der Treppe ein Zimmer ohne Fenster, mit Waschtisch und separatem WC, auch wieder eine Tür zu Margots und meinem Zimmer. Wenn man die Treppe hochgeht und die Tür oben öffnet, ist man völlig überrascht, dass in so einem alten Grachtenhaus so ein großes, helles und geräumiges Zimmer existiert. In diesem Zimmer steht ein Ofen (das haben wir der Tatsache zu verdanken, dass es früher Kuglers Labor war) und ein Spülstein. Die Küche also und zugleich auch das Schlafzimmer des Ehepaars van Pels, allgemeines Wohnzimmer, Esszimmer und Arbeitszimmer. Ein ganz kleines Durchgangszimmer wird die Behausung von Peter van Pels werden. Dann genau wie vorne ein Boden und ein Oberboden. Siehst du, ich habe dir unser ganzes schönes Hinterhaus vorgestellt!

Deine Anne

Freitag, 10. Juli 1942 [b]

Liebe Kitty,
es ist sehr wahrscheinlich, dass ich dich mit meiner langwierigen Wohnungsbeschreibung gewaltig gelangweilt habe, aber ich finde es doch notwendig, dass du weißt, wo ich gelandet bin; wie ich gelandet bin, wirst du dann aus allen folgenden Briefen vernehmen.

Nun erst mal die Fortsetzung meiner Geschichte, denn dass ich noch nicht fertig war, weißt du. Als wir an der Prinsengracht 263 angekommen waren, nahm Miep uns schnell mit den langen Flur hinunter, die Holztreppe hoch, geradewegs nach oben ins Hinterhaus. Sie schloss die Tür hinter uns, und wir waren allein. Margot war mit dem Fahrrad viel früher da gewesen und wartete schon auf uns. Unser Wohnzimmer und alle anderen Zimmer waren so voller Zeug, dass es nicht zu beschreiben ist; alle Pappschachteln, die im Laufe der vorangegangenen Monate ins Büro geschickt worden waren, standen auf dem Boden und auf den Betten; das kleine Zimmer war bis zur Decke mit Bettzeug gefüllt.

Wenn wir abends auf ordentlich gemachten Betten schlafen wollten, mussten wir uns sofort an die Arbeit machen und alles aufräumen. Mutter und Margot waren nicht imstande, auch nur ein Glied zu rühren; sie lagen auf den unbezogenen Betten, waren müde, antriebslos und ich weiß nicht was sonst noch, aber Vater und ich, die beiden Aufräumer in der Familie, wollten gleich anfangen.

Wir packten den ganzen Tag hindurch Schachteln aus, Schränke ein, hämmerten und räumten auf, bis wir abends todmüde in die sauberen Betten fielen. Den ganzen Tag hatten wir kein warmes Essen gehabt, aber das störte uns nicht; Mutter und Margot waren zu müde und zu überreizt, um zu essen, Vater und ich hatten zu viel Arbeit.

Am Dienstagmorgen fingen wir dort an, wo wir am Montag aufgehört hatten, Bep und Miep kauften mit unseren Lebensmittelmarken ein, Vater verbesserte die unzureichende Verdunkelung, wir schrubbten den Küchenboden und waren wieder von morgens bis abends beschäftigt. Zeit, um viel über die große Veränderung nachzudenken, die in mein Leben gekommen war, hatte ich beinahe nicht, bis Mittwoch; da hatte ich zum ersten Mal seit unserer Ankunft im Hinterhaus die Gelegenheit, dir die Ereignisse mitzuteilen und gleichzeitig mir richtig darüber klar zu werden, was da nun eigentlich mit mir passiert war und was noch passieren würde.

Deine Anne

Sonntag, 12. Juli 1942 [a]

Heute vor einem Monat waren sie alle so nett zu mir, weil ich Geburtstag hatte, aber ich spüre nun jeden Tag mehr, wie ich mich von Mutter und Margot entferne; ich habe heute hart gearbeitet, und jeder hat mich sehr gelobt, und fünf Minuten später werde ich wieder ausgeschimpft.

Man kann deutlich den Unterschied sehen, wie sie mit Margot umgehen und mit mir. Margot hat zum Beispiel den Staubsauger kaputtgemacht, und dadurch haben wir den ganzen Tag kein Licht. Mutter sagte: »*Aber Margot, man sieht das du keine Arbeit gewöhnt bist, sonst hätest du das wissen, das man einen Staubzauger nicht am Contact raussieht.*«

Margot sagte etwas, und damit war die Sache erledigt.

Aber heute Vormittag wollte ich etwas von Mutters Einkaufsliste abschreiben, denn Mutters Schrift kann man so schlecht lesen; sie wollte das nicht, und ich wurde sofort wieder tüchtig ausgeschimpft, wobei sich die ganze Familie einmischte.

Ich passe nicht zu ihnen, und das spüre ich vor allem in letzter Zeit deutlich. Sie sind so sentimental zusammen, und das will ich lieber sein, wenn ich allein bin. Und dann sagen sie, wie gemütlich wir es hier doch mit uns zu viert haben und dass wir so harmonisch zusammengehören, aber daran, dass ich das nicht so empfinde, denken sie überhaupt nicht.

Nur Papa versteht mich manchmal, aber meistens ist er auf der Seite von Mutter und Margot. Dann kann ich es auch nicht ausstehen, wenn sie, wenn Fremde dabei sind, erzählen, wie ich geweint habe und wie vernünftig ich bin; das finde ich furchtbar, dann sprechen sie öfter mal von Moortje, und das kann ich überhaupt nicht vertragen, denn das ist mein weichster und schwächster Punkt. Moortje fehlt mir in jeder einzelnen Sekunde, niemand weiß, wie viel ich an sie denke; immer, wenn ich an sie denke, bekomme ich davon Tränen in die Augen. Moortje ist so niedlich, und ich habe sie so lieb; ich mache schon Traumpläne, dass sie wieder zurückkommt, denn ich finde sie so süß, und ihr vertraue ich alles an.

Vater sagt, man kann ein Tagebuch darüber anlegen, wie großartig die Niederländer sind, er meint natürlich ein Buch; ich höre jetzt mal auf, Tschüüüss.

Anne

Freitag, 14. August 1942 [b]

Liebe Kitty,

einen Monat lang habe ich dich im Stich gelassen, aber es gibt auch wirklich nicht so viel Neues, dass ich dir jeden Tag etwas Schönes erzählen könnte. Die van Pels' sind am 13. Juli angekommen. Wir dachten, dass es der 14. werden würde, aber da die Deutschen zwischen dem 13. und dem 16. Juli immer mehr und mehr Menschen nervös machten und in alle Richtungen Aufrufe verschickten, fanden sie es sicherer, sich lieber einen Tag zu früh als einen Tag zu spät auf den Weg zu machen. Morgens um halb zehn (wir saßen noch beim Frühstück) kam Peter, der Sohn der van Pels', der noch keine sechzehn Jahre alt ist, ein ziemlich langweiliger und verlegener schlaksiger Kerl, von dessen Gesellschaft nicht viel zu erwarten ist. Frau und Herr van Pels kamen eine halbe Stunde später; sie hatte zu unserer großen Erheiterung einen großen Nachttopf in ihrer Hutschachtel. »Ohne Nachttopf fühle ich mich nirgends zu Hause«, erklärte sie, und der Nachttopf war auch das Erste, was einen festen Platz unter dem Sofabett bekam. Ihr Mann brachte keinen Nachttopf mit, hatte aber seinen zusammenklappbaren Teetisch unter dem Arm. Wir aßen am ersten Tag unseres Zusammenseins gemütlich zusammen, und nach drei Tagen kannten wir es alle sieben schon nicht mehr anders und hatten das Gefühl, eine große Familie geworden zu sein. Es braucht gar nicht erst erwähnt zu werden, dass die van Pels' noch viel über die Woche zu erzählen hatten, die sie nach uns in der Zivilisation verbracht haben. Unter anderem interessierte uns sehr, was mit unserer Wohnung und mit Herrn Goldschmidt passiert war.

Herr van Pels erzählte.

»Am Montagmorgen um neun Uhr rief Herr Goldschmidt uns an und fragte, ob ich kurz vorbeikommen könne. Ich ging sofort hin und traf Goldschmidt in großer Aufregung an. Er zeigte mir einen Zettel, den die Familie Frank zurückgelassen hatte, und wollte, wie es darauf stand, die Katze zu den Nachbarn bringen, was ich sehr gut fand. Goldschmidt hatte Angst, es würde eine Hausdurchsuchung durchgeführt werden, deswegen gingen wir durch alle Zimmer, räumten ein wenig auf und deckten den Tisch ab.

Plötzlich entdeckte ich auf dem Schreibtisch von Frau Frank einen Notizblock, auf dem eine Adresse in Maastricht stand. Obwohl ich wusste, dass Frau Frank diesen Zettel absichtlich zurückgelassen hatte, tat ich sehr erstaunt und erschrocken und bat Herrn Goldschmidt dringend, dieses Unglückspapier zu verbrennen. Ich behauptete die ganze Zeit, nichts über Ihr Verschwinden zu wissen, aber nachdem ich den Zettel gesehen hatte, kam mir eine gute Idee. ›Herr Goldschmidt‹, sagte ich, ›jetzt fällt mir plötzlich ein, worauf sich diese Adresse beziehen kann. Ich erinnere mich sehr gut, dass etwa vor einem halben Jahr ein ranghoher Offizier im Büro war; er gab an, ein guter Jugendbekannter von Herrn Frank zu sein, und er hat ihm versprochen, ihm im Notfall zu helfen; und der hielt sich auch tatsächlich in Maastricht auf. Ich denke, dass dieser Offizier Wort gehalten und Herrn Frank auf die eine oder andere Art nach Belgien und von dort aus in die Schweiz mitgenommen hat. Erzählen Sie das auch ruhig Bekannten, die vielleicht nach Herrn Frank fragen; über Maastricht brauchen Sie dann natürlich kein Wort zu verlieren.‹

Damit ging ich weg. Die meisten Bekannten wissen das nun schon, denn ich meinerseits habe diese Erklärung von verschiedenen Seiten gehört.« Wir fanden die Geschichte sehr lustig, lachten aber noch mehr über die blühende Fantasie der Leute, als Herr van Pels von anderen Bekannten erzählte. So hatte eine Familie vom Merwedeplein uns alle vier früh am Morgen auf Fahrrädern vorbeifahren sehen, und eine andere Frau wusste ohne jeden Zweifel, dass wir mitten in der Nacht in ein Militärauto geladen worden waren.

Deine Anne

Freitag, 21. August 1942 [b]

Liebe Kitty,

unser Versteck ist nun erst ein richtiges Versteck geworden. Herr Kugler fand es nämlich besser, ein Regal vor unsere Eingangstür zu stellen (weil viele Hausdurchsuchungen nach versteckten Fahrrädern durchgeführt werden), aber natürlich ein Regal, das drehbar ist und dann wie eine Tür aufgeht.

Herr Voskuijl hat das Regal gezimmert; dafür mussten die Wände vom Flur tapeziert werden. (Wir haben Herrn Voskuijl über die sieben Versteckten informiert; er ist die Hilfsbereitschaft selbst.) Wenn wir nun nach unten wollen, müssen wir uns erst bücken und dann springen. Nach drei Tagen liefen wir alle mit der Stirn voller Beulen herum, weil sich jeder an der niedrigen Tür gestoßen hatte. Peter hat es danach so weich wie möglich gemacht, indem er ein Tuch mit Holzwolle festgenagelt hat. Mal sehen, ob es etwas nutzt! Ich lerne nicht viel; bis September erlaube ich mir Ferien. Danach will mir Vater Unterricht geben, aber dann müssen wir erst die ganzen Schulbücher neu kaufen.

Miep und Jan sind bei G. gewesen, um noch ein paar von unseren Kleidern zu holen, aber alle Schränke waren leer. G. sagte, dass er nicht verstehen könne, wie wir in der letzten Zeit gegessen hätten, denn es sei nur noch ein einziger Teller und eine einzige Tasse im Haus. Ist das nicht schlimm? Weiß der Kuckuck, was er mit unseren Sachen gemacht hat, aber es ist gemein, Miep alles zu verweigern. Es ist nicht, weil er unsere Sachen nicht fremden Menschen geben will, denn er kennt Miep sehr gut. Wir waren sehr empört, können aber nichts mehr daran ändern.

Draußen ist schönes warmes Wetter, und trotz allem

nutzen wir das so viel wie möglich aus, indem wir auf dem Harmonikabett auf dem Dachboden liegen.

Peter finde ich immer noch nicht netter; er ist ein unangenehmer, langweiliger Junge, lümmelt den ganzen Tag auf seinem Bett herum, zimmert ein bisschen was und geht dann wieder dösen. Was für ein Dummkopf!

Deine Anne

28. September 1942 [a]

Liebe Loutje,
Peter geht abends ins Lager, um die Abfalleimer auszuleeren, oft klingelt es am Montagabend, und dann bekommen wir einen Mordsschreck. Öfter mal ruft auch jemand nach den Bürozeiten an. Ich könnte auf jede Seite, die ich schreibe, immer wieder schreiben »Pim ist ein Schatz!!!! Mama nicht!!!!« Das Erste ist genauso gemeint wie das Zweite, schlimm, oder!!!! Ich finde es so interessant, auf jeder Seite »etwas« Auffälliges stehen zu haben. Wie geht es Kaki; die *Joop ter Heul*-Bücher habe ich ausgelesen, und ich finde genau wie du das letzte Buch am schönsten. Ich sitze hier nicht bequem, wie du sicher an meiner Schrift merkst, darum *goodbye my girl, your*

Anne Frank

Freitag, 9. Oktober 1942 [b]

Liebe Kitty,
nichts als scheußliche und niederdrückende Nachrichten habe ich heute. Unsere vielen jüdischen Bekannten werden in ganzen Gruppen festgenommen. Die Gestapo geht mit

diesen Leuten alles andere als feinfühlig um; sie werden einfach in Viehwagen nach Westerbork, das große Judenlager in Drente, gebracht. Westerbork muss schrecklich sein; es gibt dort für die Tausenden von Menschen ein Waschbecken, ein WC, und die Schlafplätze sind alle durcheinandergeworfen. Männer, Frauen und Kinder schlafen zusammen. Man hört dadurch von großer Sittenlosigkeit; viele Frauen und Mädchen, die einige Zeit dort bleiben, sind schwanger.

Flüchten ist fast unmöglich; die Menschen aus dem Lager sind alle durch ihre kahlgeschorenen Köpfe gebrandmarkt und viele auch durch ihr jüdisches Aussehen.

Wenn es in Holland schon so schlimm ist, wie werden sie dann erst in den fernen und barbarischen Gegenden leben, in die sie geschickt werden? Wir nehmen an, dass die meisten ermordet werden. Im englischen Radio spricht man von Vergasung; vielleicht ist das aber noch die schnellste Sterbemethode.

Ich bin ganz fassungslos. Miep erzählt all diese Gräuelgeschichten so eindringlich, und selbst ist sie auch sehr aufgeregt. Erst neulich zum Beispiel saß eine lahme alte jüdische Frau vor ihrer Tür; sie musste auf die Gestapo warten, die ein Auto holen ging, um sie mitzunehmen. Das arme alte Frauchen hatte solche Angst vor dem lauten Schießen auf die englischen Flieger, die über sie hinwegflogen, und auch vor den grell blitzenden Scheinwerfern. Trotzdem wagte Miep nicht, sie nach drinnen zu holen; das würde niemand tun. Die Herren Deutschen sind nicht geizig, was Strafen betrifft.

Auch Bep ist still; ihr Freund muss nach Deutschland. Sie hat jedes Mal Angst, dass die Flieger, die über unsere

Häuser fliegen, ihre Bombenlast von oft gut einer Million Kilo auf Bertus' Kopf abwerfen.

Witze nach dem Motto »Eine Million bekommt er schon nicht ab« und »Eine Bombe ist schon genug« finde ich hier nicht besonders angebracht. Bertus ist aber wirklich nicht der Einzige, der gehen muss; jeden Tag fahren hier volle Züge mit jungen Männern weg. Unterwegs, wenn sie auf einem kleinen Bahnhof anhalten, steigen einige heimlich aus und versuchen sich zu verstecken; einem kleinen Prozentsatz gelingt das vielleicht.

Ich bin noch nicht fertig mit meinem Trauergesang. Hast du schon einmal etwas von Geiseln gehört? Das führen sie nun als neueste Strafmaßnahme für Saboteure ein. Es ist das Schlimmste, was du dir vorstellen kannst. Unschuldige, angesehene Bürger werden festgenommen und müssen auf ihre Ermordung warten. Wenn dann jemand einen Sabotageakt begeht und der Täter nicht gefunden wird, stellt die Grüne Polizei ganz einfach etwa fünf Geiseln an die Wand. Oft sieht man Todesanzeigen dieser Leute in der Zeitung. Als »schicksalhaftes Unglück« wird dieses Verbrechen dort bezeichnet. Ein schönes Volk, diese Deutschen, und ich gehöre eigentlich auch noch dazu! Aber nein, Hitler hat uns schon lange für staatenlos erklärt, und übrigens gibt es keine größere Feindschaft auf der Welt als die zwischen Deutschen und Juden.

Deine Anne

Mittwoch, 14. Oktober 1942 [a]

Liebe Pop,

ich komme einfach nicht dazu, euch schnell zu schreiben. Ich habe schrecklich viel zu tun. Gestern habe ich erst ein Kapitel aus »La belle Nivernaise« übersetzt und Vokabeln herausgeschrieben. Dann eine *Drecks*rechenaufgabe gemacht und dann noch drei Seiten französische Grammatik übersetzt. Heute französische Grammatik und Geschichte. Ich sehe es ganz einfach nicht ein, jeden Tag solche *Drecks*rechenaufgaben zu machen. Papa findet sie auch schrecklich, und ich kann sie fast noch besser als er; aber eigentlich kommen wir alle beide nicht zurecht, sodass wir immer Margot dazuholen müssen. Ich bin auch eifrig am Stenografieren; das finde ich toll; ich bin am weitesten von uns dreien. Bep bestellt jetzt die Lektionen für uns und wir bekommen jeder ein Stenoheft; Margot hat schon eins. Heute Nacht habe ich wieder mal von P. S. geträumt, und er ist wieder der Alte. Ganz einfach ein Schatz! Ich wünschte mir nur, dass er auch hierher ins Versteck käme. Der arme Junge, vielleicht ist er schon längst tot in Polen. Ich hoffe, er würde mich nicht enttäuschen. Mama ist wieder so wie immer. Gestern Abend habe ich Büroarbeit gemacht. Miep hat eine schlimme Erkältung und kommt darum nicht, Jan auch. Wir haben vorgeschlagen, dass sie sich hier ins Bett legt, dann können wir uns um sie kümmern, aber das will sie nicht. Madame findet mich heute wieder egoistisch, verrückt, oder!!! Dieses Miststück; sie hat *keinen* Charakter, sie tut nur manchmal so, und dann ist sie auch wirklich nett. Am Montag habe ich Mutter die Haare gewaschen und gestern die von Frau van Pels; sie hat so leckeres Shampoo, dass meine Hände und ich immer noch danach riechen.

Pim ist lieb. Er hat seine Schnurrbartenden wieder ein bisschen geschnitten; es sah auch nicht mehr gut aus; jetzt lässt er seinen Schnurrbart nur noch in die Breite wachsen. Heute ist ein Brief von Onkel Erich gekommen; Herbi ist bei ihnen in der Schweiz, und sie erwarten auch Paul, den Bruder von Erich. Ich wünschte mir, Pim und ich könnten dorthin fahren, was für Träume, gell!!!! Poppyschatz, bis, hoffe ich, in nicht mehr als fünf Tagen, dann komme ich in Gedanken wieder zu dir!

Anne Frank

14. Oktober 1942 *Mittwoch* [a]

Liebe Phien,
lange nichts mehr von mir hören lassen, gell, aber ich will eure Flitterwochen auch nicht so oft mit meinem idiotischen Geschwätz stören, oder macht das nichts? Hat Bob seine Arbeit schon wieder aufgenommen? Und zeigen sich bei dir nicht schon die Spuren von Befruchtung; ich hoffe es für dich, aber es ist doch längst nicht immer leicht. Goslars Baby müsste inzwischen auch schon längst da sein. Schade, dass wir es nicht sehen können; wenn es Miep wieder besser geht, besucht sie die Goslars bestimmt. Tschüss, Phienekind, grüße deine bessere Hälfte; ich warte sehnsüchtig auf dich.

Anne Frank

Donnerstag, 15. Oktober 1942 [a][3]

Liebe Conny,

gestern haben wir noch einen Riesenschrecken bekommen. Der Zimmermann war vor unserem Regal an der Arbeit; er musste den Feuerspritzenschrank auffüllen und etwas an der Zwischentür zum Vorderhaus reparieren. Man hatte uns nicht vorgewarnt, und wir riefen ahnungslos durchs Haus. Plötzlich nach dem Essen, Bep wollte gerade runtergehen, höre ich Hämmern und sage oben Pst, aber wir dachten, es wäre Mutter, die gerade die Treppe zum Speicher herunterkam, aber es ist Bep; oben auf der Treppe höre ich wieder etwas, und die anderen auch; so haben wir gemerkt, dass der Zimmermann anwesend war. Papa und ich haben uns an die Tür gestellt, um zu lauschen, aber es dauerte bestimmt eine Viertelstunde, und der Herr wollte einfach nicht verschwinden. Bep konnte natürlich auch nicht nach unten, denn dann hätte der Mann unsere Tarnung bemerkt. Plötzlich hörten wir ein schreckliches Rütteln an unserer Tür. Wir dachten, es wäre der Zimmermann, der hier nachschauen wollte. Es war so stark, dass man Angst bekommen musste. Dann immerzu ein Pfeifen und Poltern. Ich hatte schreckliche Angst und dachte, unser letztes Stündlein hätte geschlagen. Ich sah uns in Gedanken schon in einem Konzentrationslager oder an die Wand gestellt, um erschossen zu werden. Endlich hörten wir Kleiman rufen, und wir atmeten auf. Eine Stunde später hatte ich immer noch weiche Knie, und mir zitterten die Hände. Kleiman konnte die Tür nicht vom Haken bekom-

3 Im Folgenden wird wiederum ein Ereignis präsentiert, das Anne Frank sowohl in Version a als auch in Version b festhielt.

men und uns darum nicht warnen. Jetzt war der Zimmermann inzwischen kurz nach unten gegangen, und darum wollte er Bep abholen, bekam die Tür aber wieder nicht auf. Was für ein Schreck, kann ich dir sagen!

Papa und ich haben gestern Abend Französisch gesprochen und uns totgelacht. Wir haben die erste schriftliche Stenolektion des Kurses »Selbstentwicklung« schon gehabt, es geht sehr gut und flott. Nächste Woche bekomme ich ein Stenoheft. Tabeh *my darling.*

Anne Frank

Dienstag, 20. Oktober 1942 [b]

Liebe Kitty,
mir zittert noch die Hand, obwohl der Schreck, den wir hatten, schon wieder zwei Stunden her ist. Du musst wissen, dass wir wegen der Brandgefahr fünf Minimax-Geräte im Haus haben. Weil sie unten so schlau sind, haben sie uns nicht gewarnt, als der Zimmermann, oder wie auch immer so ein Kerl heißt, die Apparate auffüllte. Die Folge war, dass wir überhaupt nicht leise waren, bis ich draußen auf dem Flur (gegenüber unserer Regaltür) Hammerschläge hörte. Ich dachte sofort an den Zimmermann und warnte Bep, die beim Essen saß, dass sie nicht nach unten konnte. Vater und ich bezogen an der Tür Posten, um es mitzubekommen, wenn der Mann wieder gehen würde. Nachdem er eine Viertelstunde lang an der Arbeit gewesen war, legte er da draußen seinen Hammer und andere Gerätschaften auf unser Regal (das glaubten wir zumindest!) und klopfte an unsere Tür. Wir wurden weiß im Gesicht – ob er uns wohl doch gehört hatte und nun dieses geheim-

nisvolle Ungetüm untersuchen wollte? Es schien so; das Klopfen, Ziehen, Stoßen und Reißen hörte nicht auf. Ich fiel fast in Ohnmacht vor Angst, es könnte diesem wildfremden Mann gelingen, unser schönes Versteck freizulegen. Und als ich gerade dachte, mein letztes Stündlein hätte geschlagen, hörten wir Herrn Kleimans Stimme, die sagte: »Macht doch auf, ich bin es«. Sofort öffneten wir. Was war geschehen? Der Haken, mit dem das Tür-Regal befestigt ist, hatte geklemmt, darum konnte uns niemand vor dem Zimmermann warnen; der Mann war nach unten gegangen, und Kleiman wollte Bep abholen, bekam das Regal aber wieder nicht auf. Ich kann dir sagen, dass ich sehr erleichtert war. Der Mann, von dem ich glaubte, dass er zu uns nach drinnen wollte, war in meiner Fantasie immer weiter gewachsen; am Ende glich er einem Riesen und war ein Faschist der allerschlimmsten Sorte. Uff, zum Glück ist es für diesmal sehr gut für uns ausgegangen.

Inzwischen hatten wir am Montag viel Spaß; Miep und Jan haben bei uns übernachtet. Margot und ich schliefen eine Nacht bei Vater und Mutter, sodass das Ehepaar Gies unseren Platz einnehmen konnte. Das Festmenü schmeckte herrlich, eine kleine Unterbrechung war, dass Vaters (?) Lampe einen Kurzschluss verursachte und wir plötzlich im Dunkeln saßen. Was sollten wir tun? Neue Sicherungen hatten wir im Haus, aber die mussten ganz hinten im dunklen Magazin eingesetzt werden, und das war abends nicht so eine angenehme Aufgabe. Trotzdem wagten es die Herren, und nach zehn Minuten konnte unsere Kerzenillumination wieder weggepackt werden. Bep kommt nächste Woche auch mal auf Übernachtungsbesuch.

Deine Anne

Dienstag, 10. November 1942 [b]

Liebe Kitty,

großartige Neuigkeiten, wir wollen einen achten Verstecker aufnehmen!

Ja, wirklich; wir waren immer der Meinung, dass es hier noch genug Platz und Essen für eine achte Person gibt. Wir hatten nur Angst, Kugler und Kleiman noch mehr zu belasten. Als nun die Gräuelberichte von draußen, was die Juden betrifft, immer schlimmer wurden, hat Vater einmal bei den beiden Entscheidungsträgern auf den Busch geklopft, und diese fanden den Plan ausgezeichnet. Die Gefahr ist für sieben genauso groß wie für acht, sagten sie ganz zu Recht. Als das geklärt war, sind wir in Gedanken unseren Bekanntenkreis durchgegangen, um jemand Alleinstehenden zu finden, der gut in unsere Versteckfamilie passen würde. Es war nicht schwer, so jemanden aufzustöbern. Nachdem Vater alle Mitglieder der Familie van Pels abgelehnt hatte, fiel unsere Wahl auf einen Zahnarzt namens Fritz Pfeffer. Er lebt mit einer viel jüngeren und netten Christenfrau zusammen, mit der er wahrscheinlich nicht verheiratet ist, aber das ist Nebensache. Er ist als ruhig und höflich bekannt, und soweit es sich nach der oberflächlichen Bekanntschaft beurteilen lässt, schien er sowohl den van Pels' als auch uns sympathisch.

Auch Miep kennt ihn, sodass über sie der Versteckplan geregelt werden kann. Wenn er kommt, muss Pfeffer statt Margot in meinem Zimmer schlafen; sie bekommt dann das Harmonikabett als Lagerstätte.

Deine Anne

Dienstag, 17. November 1942 [b]

Liebe Kitty,

Pfeffer ist angekommen. Es gab keine Schwierigkeiten: Um elf Uhr morgens, hatte ihm Miep gesagt, müsse er an einer bestimmten Stelle vor dem Postamt sein, da würde ihn ein Herr abholen. Pfeffer stand an der abgesprochenen Stelle, genau rechtzeitig; Kleiman ging auf ihn zu, teilte ihm mit, dass der bewusste Herr noch nicht würde kommen können, und ob er so lange zu Miep ins Büro kommen wolle. Kleiman stieg in die Straßenbahn, fuhr zurück zum Büro, und Pfeffer ging denselben Weg zu Fuß.

Und zehn Minuten vor halb zwölf klopfte Pfeffer an die Bürotür. Miep ließ ihn den Mantel ausziehen, sodass der Stern nicht mehr zu sehen war, und führte ihn ins Privatbüro, wo Kleiman ihn beschäftigte, bis die Putzfrau weg war. Dann erfand sie die Ausrede, das Privatbüro sei nicht länger frei, und ging mit Pfeffer nach oben, öffnete den Drehschrank und trat vor den Augen des völlig verblüfften Mannes nach drinnen. Wir saßen oben rund um den Tisch und warteten mit Cognac und Kaffee auf den Mitversteckten. Erst führte ihn Miep in unser Zimmer; er erkannte sofort unsere Möbel, rechnete aber überhaupt nicht damit, dass wir uns über seinem Kopf befanden. Als Miep ihm das erzählte, fiel er vor Erstaunen fast in Ohnmacht. Aber zum Glück ließ ihm Miep nicht allzu viel Zeit und ging mit ihm nach oben. Pfeffer ließ sich auf einen Stuhl fallen und schaute uns alle eine ganze Weile sprachlos an, als müsse er erst die Wahrheit von unseren Gesichtern ablesen. Danach stotterte er: »Maar .. *aber, sind* u dan *nicht* in België? *Ist der Militär nicht* gekomen, *das Auto, die* vlucht *ist sie nicht* gelukt?« Wir erklärten ihm die ganze Sache;

dass wir die Geschichte von dem Offizier und dem Auto mit Absicht verbreitet hatten, um die Leute und die Deutschen, die eventuell nach uns suchen würden, in die Irre zu führen. Pfeffer war angesichts von so viel Erfindergeist wieder sprachlos und konnte den ganzen restlichen Tag über nichts mehr tun, als sich erstaunt umzusehen, als er unser so praktisches und schönes Hinterhaus eingehender beschnupperte. Wir aßen zusammen, er schlief ein wenig und trank dann Tee mit uns, sortierte seine wenigen Habseligkeiten, die Miep zuvor mitgebracht hatte, und fühlte sich schon ziemlich zu Hause. Vor allem, als er folgende abgetippten Hinterhaus-Versteckregeln (Fabrikat van Pels) in die Hände bekam:

Broschüre und Leitfaden vom Hinterhaus. Besondere Einrichtung zur vorübergehenden Unterbringung von Juden und ihresgleichen.

Während des ganzen Jahres geöffnet. Schöne, ruhige, waldreiche Umgebung im Herzen Amsterdams. Keine privaten Nachbarn. Zu erreichen mit den Straßenbahnlinien 13 und 17, außerdem auch mit dem Wagen oder dem Fahrrad. In bestimmten Fällen, in denen die deutschen Autoritäten den Gebrauch dieser Verkehrsmittel nicht gestatten, auch zu Fuß.

Entfernung vom Muntplein: fünf Minuten. Entfernung von Amsterdam-Süd: 45 Minuten. Möblierte und unmöblierte Wohnungen und Zimmer ganzjährig verfügbar, mit und ohne Mahlzeiten. Miete gratis. *Diätküche, fettfrei.*

Fließendes Wasser im Bad (allerdings keine Badewanne) und an diversen Innen- und Außenwänden. Hervorragende Feuerstellen. Großzügige Lagerräume für Güter aller Art. Zwei moderne Panzerschränke. Eigene Radiozentrale mit direkter Verbindung nach London, New York, Tel Aviv und vielen anderen Stationen.

Dieser Apparat steht ab sechs Uhr abends allen Bewohnern zur Verfügung, wobei es keine verbotenen Sender gibt, allerdings dürfen nur ausnahmsweise deutsche Sender gehört werden, zum Beispiel für klassische Musik und Dinge dieser Art. Der Radionachrichtendienst arbeitet durchgängig in drei Schichten. Morgens um sieben Uhr, acht Uhr, mittags um ein Uhr, abends um sechs Uhr. Ruhezeiten: zehn Uhr abends bis halb acht Uhr morgens, sonntags Viertel nach zehn. Aufgrund der Umstände auch tagsüber Ruhezeiten, nach Anweisung der Direktion. Die Ruhezeiten sind im Zusammenhang mit der allgemeinen Sicherheit strengstens einzuhalten!!!! Freizeit außer Haus: entfällt bis auf weiteres.

Sprachen: Es ist erforderlich, immer leise zu sprechen; erlaubt sind alle Kultursprachen, also kein Deutsch. Lektüre und Entspannung: Es dürfen keine deutschen Bücher gelesen werden, außer wissenschaftliche und Klassiker, alles andere ohne Einschränkung. Gymnastik: täglich. Singen: ausschließlich leise und nach sechs Uhr abends.

Film: nach Vereinbarung.

Unterricht: In Stenografie jede Woche eine schriftliche Stunde. In Englisch, Französisch, Mathematik und Geschichte jederzeit.

Bezahlung durch anderen Unterricht, zum Beispiel Niederländisch.

Es ist strengstens verboten, deutsche Nachrichten zu hören (egal, von woher diese gesendet werden) und zu verbreiten.

Besondere Abteilung für kleinere Haustiere, mit guter

Versorgung (allerdings nicht für Ungeziefer, für das eine Sondergenehmigung erteilt werden muss …).

Preis: wird nach Vereinbarung festgelegt.

Mahlzeiten: Frühstück täglich, außer an Sonn- und Feiertagen, morgens um neun Uhr, an Sonn- und Feiertagen etwa um halb zwölf.

Diner, zeitweise ausgedehnt.

Mittags von Viertel nach eins bis Viertel vor zwei.

Abendessen, kalt und/oder warm, abhängig vom Nachrichtendienst, zu verschiedenen Zeiten.

Verbessern: Die Hausgenossen bitten freundlich darum, dass, wenn jemand einen Fehler beim Sprechen oder Aussprechen des Niederländischen macht, er verbessert wird; dies wird sicher allen Bewohnern zugutekommen.

Verpflichtungen gegenüber der Versorgungskolonne: jederzeit bereit sein, bei der Büroarbeit zu helfen.

Baden: Sonntags ab neun Uhr steht der Bottich allen Bewohnern zur Verfügung. Man kann im WC, in der Küche, im Privatbüro, im vorderen Büro baden, je nach Wunsch.

Starke Getränke nur bei ärztlichem Attest. Ende.

Deine Anne

Donnerstag, 19. November 1942 [b]

Liebe Kitty,
wie wir alle angenommen haben, ist Pfeffer ein sehr netter Mensch. Er fand es natürlich gut, mit mir das Zimmer zu teilen; ich bin ehrlich gesagt nicht sonderlich begeistert davon, dass ein Fremder meine Dinge benutzt, aber für die gute Sache muss man Opfer bringen, und ich bringe dieses kleine Opfer entsprechend gerne. Wenn wir nur jemanden

von unseren Bekannten retten können, ist alles andere Nebensache, hat Vater gesagt, und damit hat er vollkommen recht. Pfeffer hat mich am ersten Tag, als er hier war, sofort über alles ausgefragt, zum Beispiel, wann die Putzfrau kommt, wie die Badezimmerzeiten eingeteilt sind, wann man auf die Toilette darf. Du lachst bestimmt, aber all das ist in einem Versteck nicht so einfach. Wir dürfen während des Tages nicht so laut sein, dass sie uns unten hören könnten, und wenn da noch eine zusätzliche Person wie zum Beispiel die Putzfrau ist, müssen wir uns alle auch ganz besonders in Acht nehmen. Ich habe Pfeffer das alles ganz ausführlich erklärt, aber dabei hat mich etwas erstaunt, nämlich dass er so schwer von Begriff ist; alles fragt er zweimal und behält es dann immer noch nicht.

Vielleicht geht das aber vorbei, und er ist nur wegen der Überraschung so verwirrt. Ansonsten ist alles prima. Pfeffer hat uns viel von der Welt draußen erzählt, die wir jetzt schon so lange entbehren. Es ist traurig, was er alles wusste; sehr viele Freunde und Bekannte sind weg, mit einem schrecklichen Ziel. Jeden Abend tuckern die grünen oder grauen Militärautos die Straße entlang, an jeder Tür wird geklingelt und gefragt, ob dort auch Juden wohnen, und wenn ja, muss die ganze Familie sofort mit, wenn nicht, fahren sie weiter. Niemand kann sich seinem Schicksal entziehen, wenn er sich nicht versteckt. Sie gehen auch manchmal mit Listen herum und klingeln nur da, wo sie wissen, dass sie eine reiche Beute werden machen können. Kopfgeld wird oft bezahlt, ein bestimmter Betrag pro Person. Es ähnelt wirklich der Sklavenjagd, wie es sie früher gab. Aber es ist wirklich kein Witz, dafür ist es viel zu dramatisch; ich sehe oft abends im Dunkeln die Reihen guter, unschuldiger

Menschen dort gehen, mit weinenden Kindern, immer weiter gehen sie, herumkommandiert von so ein paar Kerlen, geschlagen und gequält, bis sie fast hinfallen. Niemand kann entkommen; alte Menschen, Kinder, Babys, schwangere Frauen, Kranke, alles, alles geht mit in diesem Zug zum Tod.

Wie gut haben wir es hier, wie gut und ruhig. Das ganze Elend brauchte uns nicht betroffen zu machen, wenn wir nicht solche Angst um alle hätten, die uns so lieb waren und denen wir nicht mehr helfen können. Schlecht fühle ich mich, dass ich in einem warmen Bett liege, während meine liebsten Freundinnen irgendwo draußen niedergeworfen oder hingefallen sind.

Ich bekomme selbst Angst, wenn ich an all jene denke, denen ich mich immer so innig verbunden gefühlt habe und die nun den Händen der grausamsten Henker ausgeliefert sind, die es jemals gegeben hat. Und das alles, weil sie Juden sind.

Deine Anne

Freitag, 20. November 1942 [b]

Liebe Kitty,

niemand von uns weiß so richtig, welche Haltung wir einnehmen sollen. Bis jetzt ist von den Nachrichten über die Juden nicht viel zu uns durchgedrungen, und wir haben es für das Beste gehalten, so gut es geht fröhlich zu bleiben. Wenn Miep ab und zu doch etwas über das schreckliche Schicksal eines Bekannten erzählte, fingen Mutter und Frau van Pels jedes Mal an zu weinen, sodass Miep es besser fand, überhaupt nichts mehr zu erzählen.

Aber Pfeffer wurde sofort mit Fragen bestürmt, und was er berichtete, war so grauenhaft und barbarisch, dass es nicht einfach zum einen Ohr hinein und zum anderen wieder heraus geht. Trotzdem werden wir wahrscheinlich, wenn die Nachrichten uns ein wenig vertrauter sind, wieder Witze machen und uns gegenseitig necken; es hilft uns und denen da draußen nichts, wenn wir so ernst bleiben, wie wir alle im Moment sind; und welchen Sinn hätte es, aus dem Hinterhaus ein melancholisches Hinterhaus zu machen.

Bei allem, was ich tue, muss ich an die anderen denken, die weg sind; und wenn ich über etwas lachen muss, höre ich erschrocken wieder auf und sage zu mir selbst, dass es eine Schande ist, dass ich so fröhlich bin. Aber soll ich denn die ganze Zeit weinen? Nein, das kann ich nicht, und diese gedrückte Stimmung geht auch sicher wieder vorüber.

Zu dieser unangenehmen Sache ist eine andere gekommen, aber dabei geht es um etwas persönlicher Art, und es ist verglichen mit dem anderen Elend, von dem ich gerade berichtet habe, völlig bedeutungslos. Trotzdem muss ich dir einfach erzählen, dass ich mich in letzter Zeit so verlassen fühle; um mich herum gibt es eine große Leere. Früher habe ich darüber nie so richtig nachgedacht, und meine Vergnügungen und Freundinnen füllten mein ganzes Denken aus. Jetzt denke ich entweder an traurige Dinge oder an mich selbst. Außerdem bin ich nach langer Zeit zu der Erkenntnis gekommen, dass Vater, so lieb er auch ist, mir doch nicht meine ganze Welt von früher ersetzen kann. Mutter und Margot zählen, was meine Gefühle betrifft, schon lange nicht mehr mit. Aber warum soll ich dich mit solchen verrückten Dingen belästigen; ich bin entsetzlich undankbar, Kitty, ich weiß es genau, aber es wird mir oft zu viel, wenn ich ausgeschimpft werde und dann noch an die ganzen anderen traurigen Dinge denken muss!

Deine Anne

Donnerstag, 10. Dezember 1942 [b]

Liebe Kitty,

Herr van Pels kommt aus dem Wurst-, Fleisch- und Gewürzhandel. In der Firma hat man ihn wegen seiner Gewürzqualitäten angestellt, doch nun zeigt er sich von seiner wurstartigen Seite, was uns sehr angenehm ist. Wir hatten (illegal natürlich) viel Fleisch bestellt, um es einzuwecken, falls wir einmal schwere Zeiten durchmachen müssten. Er wollte heute Bratwurst, Rauchwurst und Mettwurst machen. Es sah lustig aus, wie erst die Fleischstücke durch den Fleischwolf gedreht wurden, zwei- oder dreimal, dann alles Mögliche zu dem Fleisch hinzugefügt und es dann durch eine Tülle in die Därme gepresst wurde. Die Bratwurst aßen wir am Mittag direkt mit Sauerkohl wieder auf, aber die Rauchwurst, die fürs Weckglas bestimmt war, wurde mit einem Stock und zwei Schnüren an der Decke aufgehängt. Jeder, der das Zimmer betrat und die ausgestellten Würste zu Gesicht bekam, fing an zu lachen; es sah aber auch zu komisch aus.

Hier herrschte ein furchtbares Durcheinander: Herr van Pels hatte eine Schürze von Frau van Pels umgebunden und war in seiner ganzen Breite (er sah viel dicker aus, als er tatsächlich ist) mit dem Fleisch beschäftigt; die blutigen Hände, der rote Kopf und die bekleckerte Schürze verliehen ihm wirklich das Aussehen eines Metzgers. Frau van Pels tat alles gleichzeitig: aus einem Buch Niederländisch lernen, in der Suppe rühren, zum Fleisch hinschauen, über ihre gebrochene Brustrippe seufzen und klagen. Das kommt davon, wenn ältere Damen (!) solche völlig idiotischen Gymnastikübungen machen, um ihr dickes Hinterteil wieder loszuwerden!

Pfeffer hatte ein entzündetes Auge und badete es am Ofen in Kamillentee. Pim saß auf einem Stuhl im einzigen Sonnenstrahl, der durchs Fenster fiel, und wurde von einer Seite auf die andere geschoben, dabei hatte er sicher wieder Schmerzen an seiner Rheumastelle, denn er saß ziemlich krumm und mit verstörtem Gesicht da und schaute Herrn van Pels auf die Finger. Er sah genauso aus wie ein alter Invalide aus einem Diakonissenheim. Peter tobte mit der Katze (Muschi heißt sie) im Zimmer herum, Mutter, Margot und ich waren dabei, Kartoffeln zu pellen, und letzten Endes passten wir alle bei unseren Tätigkeiten nicht gut auf, weil wir Herrn van Pels zuschauten.

Pfeffer hat seine Zahnarztpraxis eröffnet. Ich werde dir spaßeshalber kurz mitteilen, wie die erste Behandlung verlaufen ist. Mutter war mit Bügeln beschäftigt, und Frau van Pels, die Erste, die daran glauben musste, setzte sich mitten im Zimmer auf einen Stuhl. Pfeffer fing theatralisch damit an, seine Schachtel auszupacken, bat um Kölnisch Wasser als Desinfektionsmittel und Vaseline als Wachs. Pfeffer schaute Frau van Pels in den Mund, berührte einen Zahn und einen Backenzahn, wobei sich Frau van Pels jedes Mal zusammenkrampfte, als vergehe sie vor Schmerzen, und unzusammenhängende Laute ausstieß. Nach einer eingehenden Untersuchung (zumindest für Frau van Pels; das Ganze dauerte nicht länger als zwei Minuten) begann Pfeffer, ein Loch im Zahn sauber zu machen. Aber nein, daran war nicht zu denken, denn Frau van Pels fuchtelte wild mit Armen und Beinen, sodass Pfeffer in einem bestimmten Moment seinen Kratzer losließ und … er in Frau van Pels' Zahn steckenblieb. Nun war erst recht der Teufel los. Frau van Pels schlug um sich, heulte (soweit das möglich war mit so einem Instrument im Mund), probierte das Ding aus dem Mund zu bekommen und schob es dadurch nur noch tiefer hinein. Herr Pfeffer stand seelenruhig da, die Hände in den Seiten, und schaute sich das Drama an. Der Rest der Zuschauer lachte unbändig; das war natürlich gemein, denn ich weiß genau, dass ich noch viel lauter geschrien hätte. Nach langem Drehen, Stoßen, Schreien und Rufen war der Kratzer endlich draußen, und Herr Pfeffer nahm, als sei nichts geschehen, seine Arbeit wieder auf. Er tat das so schnell, dass Frau van Pels keine Zeit hatte, wieder anzufangen. Aber er hatte auch so viel Unterstützung wie noch nie in seinem Leben: Zwei Assistenten ist nicht wenig, und Herr van Pels und ich machten unsere Sache gut. Es muss ausgesehen haben wie ein Bild aus dem Mittelalter mit dem Titel »Quacksalber bei der Arbeit«. Inzwischen war die Patientin allerdings mit ihrer Geduld am Ende: Sie musste auf »ihre« Suppe und auf »ihr« Essen aufpassen. Eins ist sicher: Frau van Pels lässt sich so schnell nicht wieder behandeln!

Deine Anne

Donnerstag, 18. März 1943 [b]

Liebste Kitty,
Türkei im Krieg. Große Aufregung. Warten gespannt auf die Radionachrichten.

Freitag, 19. März 1943 [b]

Liebe Kitty,
die Enttäuschung war der Freude innerhalb einer Stunde gefolgt und hat die letztgenannte überholt. Die Türkei ist noch nicht im Krieg, der Minister dort sprach nur von einer raschen Aufhebung der Neutralität. Auf dem Dam stand ein Zeitungsverkäufer, der schrie: »Türkei auf der Seite Englands!« Die Zeitungen wurden ihm nur so aus den Händen gerissen. So hatte das erfreuliche Gerücht auch uns erreicht.

Die Tausendguldenscheine werden für ungültig erklärt; das ist ein schwerer Schlag für alle Schwarzhändler und solche Leute, aber noch mehr, wenn man anderes Schwarzgeld hat oder sich versteckt. Man muss, wenn man einen Tausendguldenschein wechseln will, genau angeben und nachweisen, wie man an ihn gekommen ist.

Steuern dürfen immer noch damit bezahlt werden, aber auch diese Frist läuft kommende Woche ab. Die Fünfhundertguldenscheine verfallen zur selben Zeit. Gies & Co. hatte noch schwarzes Geld in Tausendguldenscheinen; sie haben für eine ganze Zeit ihre Steuern im Voraus bezahlt; auf diese Weise war alles in Ordnung. Pfeffer hat eine Tretbohrmaschine bekommen. Dann werde ich wohl bald eine gründliche Kontrolluntersuchung bekommen.

Pfeffer ist ansonsten schrecklich ungehorsam und hält

sich nicht an die Regeln im Versteck; er schreibt nicht nur Briefe an seine Frau, sondern führt auch mit diversen anderen Leuten eine fröhliche Korrespondenz. Margot, die Niederländischlehrerin im Hinterhaus, lässt er die Briefe, die auf Niederländisch geschrieben sind, korrigieren. Vater hat ihm streng verboten, damit weiterzumachen; das Korrigieren durch Margot hat aufgehört, aber ich für meinen Teil glaube, dass er das Schreiben bald wieder aufnehmen wird.

Der *Führer aller Germanen* hat vor verwundeten Soldaten gesprochen.

Es war traurig anzuhören. Frage und Antwort gingen ungefähr so:

»Heinrich Scheppel ist mein Name.«

»Wo verwundet?«

»Bei Stalingrad.«

»Welche Verwundungen?«

»Zwei erfrorene Füße und ein Gelenkbruch am linken Arm.«

Genau so gab das Radio dieses schreckliche Marionettentheater an uns weiter. Die Verwundeten schienen allerdings sogar noch stolz auf ihre Verwundungen, je mehr, desto besser. Einer von ihnen brachte vor Rührung darüber, dass er dem Führer die Hand geben durfte (sofern er die noch hatte), fast kein Wort heraus.

Ich habe Pfeffers Duftseife fallenlassen. Ich bin draufgetreten, und dabei brach ein ganzes Stück heraus. Ich habe Vater im Voraus um Schadensersatz gebeten; vor allem, weil Pfeffer pro Monat nur ein Stück Seife bekommt.

Deine Anne

Mittwochabend, 25. März 1943 [b]

Liebe Kitty,

Mutter, Vater, Margot und ich saßen gestern Abend schön gemütlich zusammen; plötzlich kam Peter herein und flüsterte Vater etwas ins Ohr. Ich hörte etwas von »Tonne im Magazin umgefallen« und »an der Tür gerüttelt«. Margot hatte das auch verstanden, versuchte mich aber noch etwas zu beruhigen, denn ich war natürlich kreideweiß und sehr nervös.

Wir drei warteten ab; Vater war inzwischen zusammen mit Peter nach unten gegangen, und noch keine zwei Minuten später kam Frau van Pels vom Radiohören nach oben. Sie erzählte, Vater habe sie gebeten, den Apparat auszustellen und leise hochzugehen. Aber wie das so ist – gerade, wenn man besonders leise sein will, knarren die Stufen einer alten Treppe doppelt so laut. Wieder fünf Minuten später erschienen Peter und Pim, weiß bis an die Nasenspitzen, und erzählten uns, was ihnen widerfahren war:

Sie hatten sich unten an der Treppe hingesetzt und gewartet, allerdings umsonst, doch plötzlich – ja, wirklich – hörten sie zwei laute Schläge, als würden hier im Haus zwei Türen zugeknallt. Pim war mit einem einzigen Sprung oben; Peter alarmierte erst noch Pfeffer, der umständlich und mit viel Krach endlich auch hier ankam. Nun ging es auf bestrumpften Füßen eine Etage höher zur Familie van Pels. Herr van Pels war stark erkältet und hatte sich bereits hingelegt, darum versammelten wir uns alle um sein Bett und tauschten im Flüsterton unsere Vermutungen aus.

Immer, wenn Herr van Pels laut hustete, dachten seine

Frau und ich, wir müssten vor Angst sterben. Das ging so lange, bis jemand von uns den glorreichen Einfall hatte, ihm Codein zu geben – der Husten war danach sofort weg.

Wieder warteten und warteten wir, aber es war nichts zu hören, und nun dachten wir eigentlich alle, die Diebe hätten Schritte im ansonsten so stillen Haus gehört und seien deshalb geflüchtet. Nun wollte es aber das Unglück, dass beim Radio unten noch der englische Sender eingestellt war, und die Stühle standen drumherum im Kreis. Wenn nun die Tür aufgebrochen worden war und die Leute vom Luftschutz das bemerken und die Polizei verständigen würden, wäre hier der Teufel los, und der Vorfall könnte sehr unangenehme Folgen haben. Also stand Herr van Pels auf, zog Hose und Jacke an, setzte einen Hut auf und ging sehr vorsichtig hinter Vater die Treppe hinunter, gefolgt von Peter, der sich zu aller Sicherheit mit einem schweren Hammer bewaffnet hatte. Die Damen oben (Margot und ich eingeschlossen) warteten voller Spannung, bis fünf Minuten später die Herren wieder erschienen und sagten, im Haus sei so weit alles ruhig. Nun wurde vereinbart, kein Wasser laufen zu lassen und auf dem WC nicht die Spülung zu ziehen; da aber die Aufregung fast allen Hausgenossen auf den Magen geschlagen war, kann man sich vorstellen, was für ein Gestank dort herrschte, nachdem wir alle nacheinander dort etwas hinterlassen hatten. Wenn so etwas passiert, kommen immer viele verschiedene Dinge zusammen; so auch jetzt: Erstens spielte die Westerturm-Glocke nicht, die einem immer so ein beruhigendes Gefühl gibt; außerdem war Herr Voskuijl am Vorabend früher nach Hause gegangen, und wir wussten nicht sicher, ob es

Bep noch gelungen war, an den Schlüssel zu kommen, und sie vielleicht vergessen hatte, die Tür abzuschließen. Aber darauf kam es jetzt nicht so sehr an; es war immer noch Abend, und wir saßen da noch in Ungewissheit, waren allerdings wieder ein wenig beruhigt, weil wir von Viertel nach acht, als der Dieb unser Haus unsicher gemacht hatte, bis um halb elf nichts mehr gehört hatten. Es erschien uns bei weiterer Überlegung auch sehr unwahrscheinlich, dass ein Dieb so früh am Abend, wenn noch Leute auf der Straße sein können, eine Tür aufgebrochen haben sollte. Außerdem kam einem von uns der Gedanke, der Leiter des Magazins von nebenan, bei der Firma Keg, arbeite womöglich noch. Denn in der Aufregung und bei unseren dünnen Wänden kann man sich leicht täuschen, was Geräusche betrifft, und auch die Einbildung spielt in so einer heiklen Situation eine große Rolle.

Wir legten uns also auf die Betten, doch der Schlaf wollte nicht bei allen kommen; Vater wie auch Mutter und Herr Pfeffer waren oft wach, und ich kann mit ein wenig Übertreibung durchaus behaupten, kein Auge zugetan zu haben. Heute Morgen sind die Herren nach unten gegangen, um an der Haustür zu ziehen und festzustellen, ob diese noch abgeschlossen war, aber alles war sicher!

Über den Vorfall, der insgesamt alles andere als eine angenehme Angelegenheit war, wurde natürlich dem ganzen Büro in lebendigen Schilderungen berichtet, denn hinterher kann man über solche Dinge leicht lachen, und Bep ist die Einzige, die uns ernstgenommen hat.

Deine Anne

PS: Das WC war am nächsten Morgen sehr verstopft, und Vater musste mit einem langen Holzstock darin herumstochern, um alle Erdbeerrezepte (unser derzeitiges Toilettenpapier) und einige Kilo Kot wieder herauszubekommen. Der Stock wurde später verbrannt.

Deine Anne

Donnerstag, 1. April 1943 [b]

Liebe Kitty,

wirklich keine Scherzstimmung (siehe Datum); im Gegenteil, heute kann ich ohne Übertreibung das Sprichwort »Ein Unglück kommt selten allein« anführen. Erstens hatte unser Aufheiterer, Herr Kleiman, gestern eine schlimme Magenblutung und muss mindestens drei Wochen das Bett hüten. Du musst wissen, dass Herr Kleiman oft an Magenblutungen leidet, gegen die kein Kraut gewachsen scheint. Zweitens Bep die Grippe [sic]. Drittens muss Herr Voskuijl nächste Woche ins Krankenhaus. Er hat wahrscheinlich ein Magengeschwür und muss daran operiert werden. Und viertens kamen die Direktoren der Pomosin-Werke aus Frankfurt, um die neuen Opekta-Lieferungen zu besprechen; alle Einzelheiten war Vater mit Kleiman durchgegangen, Herr Kugler kann in der Kürze nicht so gut alles erklärt bekommen.

Die Frankfurter Herren kamen; Vater zitterte schon vorher, wie die Besprechung ablaufen würde. »Könnte ich nur dabei sein, wäre ich nur unten«, rief er aus. »Dann leg dich doch mit dem Ohr auf den Boden; die Herren gehen doch ins Privatbüro, da kannst du alles hören.« Vaters Gesicht hellte sich auf, und um halb elf gestern Morgen nahmen Margot (zwei Ohren hören mehr als eins!) und Pim ihre Stellung auf dem Boden ein. Die Besprechung wurde am

Morgen nicht zu Ende geführt, aber nachmittags war Vater nicht in der Lage, die Lauschkampagne fortzusetzen; ihm taten von der ungewohnten und unpraktischen Haltung alle Knochen weh. Ich nahm um halb drei seinen Platz ein, als wir Stimmen hörten. Margot leistete mir Gesellschaft. Das Gespräch war teilweise so langatmig und langweilig, dass ich plötzlich auf dem harten, kalten Linoleumboden einschlief. Margot wagte nicht, mich anzustoßen, aus Angst, dass sie es unten hören würden, und Rufen ging schon gar nicht. Ich schlief eine gute halbe Stunde, wachte dann erschrocken auf und hatte alles von der wichtigen Besprechung vergessen. Zum Glück hatte Margot besser aufgepasst.

Freitag, 2. April 1943 [b]

Liebe Kitty,

ach, ich habe wieder etwas Schreckliches in meinem Sündenregister stehen. Gestern Abend lag ich im Bett und wartete darauf, dass Vater kommen würde, um mit mir zu beten und dann gute Nacht zu sagen, als Mutter das Zimmer betrat, sich zu mir aufs Bett setzte und sehr bescheiden fragte: »Anne, Papi kommt noch nicht, sollen wir nicht einmal zusammen beten?«

»Nein, Mansa«, antwortete ich. Mutter stand auf, blieb dann neben meinem Bett stehen, ging anschließend langsam zur Tür. Plötzlich drehte sie sich um, und mit verzerrtem Gesicht sagte sie: »Ich werde nicht böse auf dich sein; Liebe lässt sich nicht zwingen!« Ein paar Tränen liefen ihr übers Gesicht, als sie zur Tür hinausging. Ich blieb still liegen und fand es sofort gemein von mir, dass ich sie so grob von mir gestoßen hatte, aber ich wusste auch, dass ich nicht anders hätte antworten können. Ich kann nicht so heucheln und gegen meinen Willen mit ihr beten. Es ging einfach nicht. Ich hatte Mitleid mit Mutter, sehr großes Mitleid, denn zum ersten Mal in meinem Leben habe ich gemerkt, dass meine kühle Haltung sie nicht unberührt lässt. Ich habe den Schmerz in ihrem Gesicht gesehen, als sie über die Liebe sprach, die sich nicht zwingen lässt. Es ist hart, die Wahrheit zu sagen, und doch ist es die Wahrheit, dass sie selbst mich von sich gestoßen hat, dass sie selbst mich für jede Liebe von ihrer Seite aus durch ihre gar nicht taktvollen Bemerkungen, ihre Scherze über Dinge, die für mich für Scherze nicht geeignet sind, stumpf gemacht hat. So, wie sich jedes Mal in mir alles zusammenzieht, wenn sie ihre harten Worte an mich richtet, so zog sich ihr Herz zusammen, als sie merkte, dass die Liebe zwischen uns wirklich verschwunden war.

Sie hat die halbe Nacht geweint und die ganze Nacht nicht gut geschlafen. Vater schaut mich nicht an, und wenn er es doch tut, lese ich in seinen Augen die Worte: »Wie kannst du so böse sein, wie kannst du es wagen, deine Mutter so unglücklich zu machen!«

Alle erwarten sie, dass ich mich bei ihr entschuldige, aber das ist ein Fall, in dem ich mich nicht entschuldigen kann, weil ich etwas gesagt habe, was wahr ist und was Mutter früher oder später ohnehin wissen muss. Ich bin und scheine gleichgültig gegenüber Mutters Tränen und Vaters Blick, weil sie alle beide zum ersten Mal etwas fühlen, was ich unaufhörlich spüre. Ich kann nur Mitleid mit Mutter haben, die selbst ihre Haltung wiederfinden muss. Ich für meinen Teil werde weiterhin schweigen und bin kalt und werde auch in Zukunft nicht vor der Wahrheit zurückschrecken, weil die, je länger man sie nicht ausspricht, umso schwerer anzuhören ist!

Deine Anne

Dienstag, 15. Juni 1943 [b]

Liebe Kitty,
es ist eine Menge passiert, aber ich denke meistens, dass mein ganzes uninteressantes Geschwätz dich schrecklich langweilt und dass du froh bist, wenn du nicht so viele Briefe bekommst.

Ich werde dir die Nachrichten deswegen auch nur kurz wiedergeben.

Herr Voskuijl ist nicht am Magen operiert worden. Als ihn die Ärzte auf dem Operationstisch hatten und sein Magen geöffnet war, sahen sie, dass er lebensgefährlichen Krebs hatte, der schon so weit fortgeschritten war, dass es nichts mehr zu operieren gab. Sie haben ihm den Magen dann wieder geschlossen, ihn drei Wochen im Bett behalten und ihm gutes Essen gegeben und ihn dann nach Hause geschickt. Aber sie haben dabei eine unverzeihliche Dummheit begangen, nämlich dem armen Mann genau gesagt, wie es um ihn steht. Er ist nicht mehr imstande zu arbeiten, sitzt zu Hause, umgeben von seinen acht Kindern, und grämt sich über seinen nahen Tod. Er tut mir entsetzlich leid, und ich finde es sehr schlimm, dass wir nicht auf die Straße können, sonst würde ich ihn sicher oft besuchen, um ihn abzulenken. Für uns ist es eine Katastrophe, dass der gute Voskuijl uns nicht über alles, was im Lager geschieht und was man dort hört, auf dem Laufenden hält.

Er war unsere beste Hilfs- und Stützkraft, was die Vorsicht angeht, wir vermissen ihn sehr.

Kommenden Monat sind wir damit an der Reihe, unser Radio abzugeben. Kleiman hat zu Hause einen illegalen Babyapparat, den wir als Ersatz für unseren Philips kriegen. Es ist wirklich schade, dass der schöne Apparat abgegeben werden muss, aber ein Haus, in dem sich Leute verstecken, darf sich auf keinen Fall mutwillig die Obrigkeit auf den Hals holen. Das kleine Radio stellen wir natürlich nach oben. Bei illegalen Juden, illegalem Geld und illegalen Käufen passt auch noch ein illegales Radio sehr gut dazu.

Alle versuchen, statt ihrer »Mut-bewahren-Quelle« einen alten Apparat abzugeben. Es ist wirklich wahr, wenn die Nachrichten von draußen immer schlechter werden, hilft das Radio mit seiner Wunderstimme, dass wir den Mut nicht verlieren und jedes Mal wieder sagen: »Kopf hoch, Mut bewahren, es kommen auch wieder andere Zeiten!«

Deine Anne

Freitag, 16. Juli 1943 [b]

Liebe Kitty,

wieder ein Einbruch, aber diesmal ein echter! Heute Morgen ging Peter wie gewöhnlich um sieben Uhr ins Lager und sah gleich, dass sowohl die Tür zum Lager als auch die Haustür offenstanden. Er teilte das sofort Pim mit, der das Radio im Privatbüro auf Deutschland einstellte und die Tür abschloss; zusammen gingen sie dann nach oben. Die übliche Losung in solchen Fällen – nicht waschen, still sein, um acht Uhr fix und fertig dasitzen und nicht aufs WC – wurde wie gewöhnlich genau befolgt. Wir waren alle acht froh, dass wir nachts so gut geschlafen und nichts gehört hatten. Allerdings waren wir kurz empört darüber, dass sich den ganzen Morgen niemand oben sehen und Herr Kleiman uns bis halb zwölf in unserer Anspannung sitzen ließ. Er erzählte, dass die Einbrecher mit einer Brechstange die Haustür eingedrückt und die Tür zum Lager aufgebrochen haben. Im Lager gab es allerdings nicht viel zu stehlen, und darum versuchten die Diebe ihr Glück eine Etage höher. Sie haben zwei Geldkassetten mit 40 Gulden, Blankoschecks, Giro- und Scheckhefte, und dann, und das ist das Schlimmste, unsere gesamte Zuckerzuteilung im Wert von nicht weniger als 150 Gulden gestohlen.

Darüber wurde die Meldezentrale allerdings sofort in Kenntnis gesetzt, damit eventuell neue Marken zu bekommen sind, aber das wird nicht so einfach gehen.

Herr Kugler glaubt, dass dieser Einbrecher zu derselben Bande gehört wie der, der vor sechs Wochen hier war und an allen drei Türen (an einer zum Lager und an zwei Haustüren) versucht hat, ins Haus zu kommen, was aber damals nicht gelungen war. Der Vorfall hat wieder einiges an Aufregung in unserem Gebäude verursacht, aber ohne scheint man hier im Hinterhaus nicht auszukommen. Wir waren natürlich froh, dass die Schreibmaschinen und die Kasse sicher in unserem Kleiderschrank standen.

Deine Anne

PS: Landung auf Sizilien. Wieder einen kleinen Schritt näher beim …!

Freitag, 23. Juli 1943 [b]

Bep kann im Moment wieder ein paar Hefte bekommen, vor allem Journale und Hauptbücher, sehr nützlich für meine buchhaltende Schwester! Andere Hefte sind zu bekommen, aber man darf nicht fragen, was für welche und für wie lange. Hefte tragen zurzeit die Aufschrift: »Ohne Marke erhältlich!« Genau wie alles andere, das »markenlos« zu bekommen ist, sind sie Mist.

So ein Heft besteht aus zwölf Blättern grauem Schreibpapier mit engen Linien. Margot denkt darüber nach, ob sie von derselben Adresse, von der wir unsere Stenokurse bekommen haben, einen Kurs im Schönschreiben belegen soll; ich habe ihr sehr dazu geraten, so kann sie ihre Schrift bestimmt verbessern. Mutter will auf keinen Fall, dass ich auch dabei mitmache, wegen meiner Augen, aber ich finde das Unsinn. Ob ich jetzt das mache oder etwas anderes, es kommt doch genau dasselbe heraus.

Wir haben uns gegenseitig gefragt, was wir als Erstes tun würden, wenn wir jemals wieder normale Menschen werden. Margot nimmt ein heißes Vollbad, Mutter will zuerst in eine Konditorei, Vater besucht Voskuijl, und ich wüsste vor Glückseligkeit nicht, was ich zuerst tun sollte!

Ich sehne mich am meisten nach einer eigenen Wohnung, danach, mich frei bewegen zu können und endlich wieder Hilfe beim Arbeiten zu bekommen, also wieder in die Schule! Bep hat uns Obst angeboten. Das kostet eine Kleinigkeit. Trauben fünf Gulden das Kilo, Stachelbeeren siebzig Cent das Pfund, fünfzig Cent für einen Pfirsich, ein Kilo Melonen einen Gulden fünfzig. Und dann steht jeden Abend mit riesigen Buchstaben in der Zeitung: »Preistreiberei ist Wucher!«

Donnerstag, 29. Juli 1943 [b]

Liebe Kitty,

Frau van Pels, Pfeffer und ich waren mit dem Abwasch zugange, und – was fast nie vorkommt und ihnen sicher auffallen würde – ich war ungewöhnlich still. Um Fragen zuvorzukommen, suchte ich also bald nach einem möglichst neutralen Thema und dachte, das Buch *Henri van de Overkant* sei in diesem Fall gut geeignet. Aber da hatte ich mich verrechnet; wenn ich von Frau van Pels keins aufs Dach kriege, dann von Pfeffer. Es lief auf Folgendes hinaus: Herr Pfeffer hatte uns dieses Buch besonders empfohlen, als hervorragendes Beispiel. Margot und ich fanden es beide alles andere als hervorragend; die Charakterisierung des Jungen war sehr gut, aber der Rest … Darüber will ich lieber schweigen. Etwas Entsprechendes gab ich beim Abwasch von mir, und das brachte mir eine enorme Predigt ein:

»Wie sollst du auch die Psyche eines Mannes begreifen. Bei einem Kind ist das nicht so schwierig (!). Du bist viel zu jung für so ein Buch; nicht einmal ein Zwanzigjähriger könnte es begreifen.« (Warum hat er besonders Margot und mir dieses Buch so sehr empfohlen?) Nun machten Pfeffer und Frau van Pels zusammen weiter:

»Du weißt viel zu viel über Dinge, von denen du noch gar nichts wissen solltest; du bist völlig falsch erzogen. Später, wenn du älter bist, wird dir nichts mehr Spaß machen; dann sagst du: Das habe ich schon vor zwanzig Jahren irgendwo gelesen. Beeil dich mal, wenn du noch einen Mann abbekommen oder dich verlieben willst; du bist sicher nie zufrieden. Theoretisch bist du ganz auf der Höhe, aber an der Praxis, da hapert es noch!«

Sicher kann sich jeder vorstellen, wie ich mich gefühlt habe. Ich war selbst darüber verwundert, dass ich ruhig antworten konnte: »Sie finden vielleicht, dass ich falsch erzogen bin, aber diese Meinung teilt lange nicht jeder!« Es zeugt sicher von guter Erziehung, mich immer so gegen meine Eltern aufzuhetzen, denn das tun sie oft; und einem Mädchen in meinem Alter nichts über bestimmte Dinge zu erzählen, ist ganz ausgezeichnet. Die Resultate einer solchen Erziehung kann man nur allzu deutlich sehen.

Ich hätte die beiden, die da standen und sich über mich lustig machten, in diesem Augenblick ins Gesicht schlagen können. Ich war außer mir vor Wut und würde wirklich die Tage zählen (wenn ich wüsste, wo aufhören), bis ich »diese« Leute los bin.

Diese Frau van Pels ist mir sowieso eine! Die muss man sich zum Vorbild nehmen ... dafür, wie man nicht sein soll. Frau van Pels kennt man als entsetzlich unbescheiden, egoistisch, hinterhältig, berechnend und nie mit etwas zufrieden. Eitelkeit und Koketterie kommen auch noch dazu. Sie hat, und das kann man drehen und wenden, wie man will – einen ausgesprochen widerwärtigen Charakter. Über Madame van Pels könnte ich ganze Bücher schreiben, und wer weiß, vielleicht tue ich das auch eines Tages. Sie hat, wie es scheint, keine einzige gute Eigenschaft in ihrem Wesen. Ein hübsches Äußeres kann sich jeder zulegen. Frau van Pels ist freundlich zu Fremden und vor allem zu Männern, darum schätzt man sie falsch ein, wenn man sie noch nicht länger kennt.

Mutter findet sie zu dumm, um über sie auch nur ein Wort zu verlieren, Margot zu unwichtig, Pim zu hässlich (im wörtlichen wie im übertragenen Sinne!), und ich bin nach einer langen Entwicklung – denn ich bin nie von Anfang an voreingenommen – zu dem Schluss gekommen, dass alle drei Eigenschaften und noch viele mehr auf sie zutreffen. Sie hat so viele schlechte Eigenschaften, mit welcher sollte ich also anfangen?

Deine Anne

Mittwoch, 4. August 1943 [b]

Liebe Kitty,
du weißt jetzt, nachdem wir schon ein ganzes Jahr lang Hinterhäusler sind, eine Menge über unser Leben, aber alles kann ich dir doch nicht erzählen; es ist alles so völlig anders als in gewöhnlichen Zeiten und bei gewöhnlichen Menschen. Um dir trotzdem einen tieferen Einblick in unser Leben zu verschaffen, werde ich in den folgenden Einträgen ab und zu einen Teil eines normalen Tages beschreiben. Heute fange ich mit dem Abend und der Nacht an:

Abends um neun Uhr beginnt im Hinterhaus der Rummel des Zubettgehens; und es ist wirklich jedes Mal ein richtiger Rummel. Stühle werden verschoben, Betten auseinandergenommen, Decken auseinandergefaltet, und nichts bleibt dort, wo es tagsüber seinen Platz hat. Ich schlafe auf dem kleinen Diwan, der noch nicht einmal 1,50 Meter lang ist. Hier müssen Stühle als Verlängerung dienen – ein Plumeau, Laken, Kissen, Decken, alles wird aus Pfeffers Bett geholt, in dem es den Tag über liegt.

Drinnen hört man ein schreckliches Geknarre: das Harmonikabett von Margot. Wieder Diwandecken und Kissen, alles, um die Holzlatten ein bisschen komfortabler werden zu lassen. Oben klingt es wie ein Gewitter – es ist nur das Bett von Frau van Pels. Das wird nämlich ans Fenster geschoben, damit Ihre Majestät im rosa Bettjäckchen ein wenig von der prickelnden Nachtluft in die zarten Nasenlöcher bekommt.

Neun Uhr: Nach Peter betrete ich das Badezimmer, wo dann eine gründliche Waschbehandlung erfolgt, und es kommt nicht selten vor (nur in den warmen Monaten, Wochen oder Tagen), dass ein kleiner Floh im Wasser treibt. Zähne putzen, Haare eindrehen, Nägel versorgen, Wattebäusche mit Wasserstoff benutzen (die dienen dazu, schwarze Schnurrbarthaare zu bleichen), und das alles in einer kurzen halben Stunde.

Halb zehn: Schnell den Bademantel an; die Seife in der einen, Nachttopf, Haarnadeln, Hose, Lockenwickler und Watte in der anderen Hand, verlasse ich eilig das Bad. Meistens werde ich noch einmal zurückgerufen – wegen der diversen Haare, die in eleganten, aber für meinen Nachfolger wenig angenehmen Bögen das Waschbecken verunzieren.

Zehn Uhr: Verdunkelung zu, gute Nacht. Im Haus, sicher eine Viertelstunde lang, das Knarren von Betten und das Seufzen kaputter Matratzenfedern; dann ist alles still, zumindest wenn die Hausgenossen oben sich nicht im Bett streiten.

Halb zwölf: Die Badezimmertür knarrt. Ein dünner Streifen Licht fällt ins Zimmer. Knarrende Schuhe, ein großer Mantel, noch größer als der Mann darunter ... Pfeffer kommt von der Nachtarbeit in Kuglers Büro zurück. Zehn Minuten lang Schlurfen über den Boden, Papiergeraschel – das sind die wegzuräumenden Lebensmittel –, und ein Bett wird gemacht. Danach verschwindet die Gestalt wieder, und man hört lediglich von Zeit zu Zeit ein verdächtiges Geräusch von der Toilette.

Ungefähr drei Uhr: Ich muss aufstehen, um mein kleines Geschäft in die Blechdose unter meinem Bett zu verrichten, unter der vorsichtshalber eine Gummimatte liegt. Wenn das passieren muss, halte ich immer den Atem an, denn es plätschert in die Dose wie ein Bächlein von einem Berg. Dann wird das Gefäß wieder weggestellt, und eine Gestalt im weißen Nachthemd, das Margot jeden Abend aufs Neue den Ausruf »Oh, dieses unsittliche Nachtgewand« entlockt, legt sich wieder hin. Etwa eine Viertelstunde lang liegt dann eine bestimmte Person wach und lauscht den nächtlichen Geräuschen. Zuallererst, ob vielleicht ein Dieb unten ist, dann den diversen Betten oben, nebenan und im Zimmer, woran man meist ablesen kann, ob die verschiedenen Hausgenossen schlafen oder die Nacht halb wach zubringen. Letzteres ist alles andere als angenehm, besonders wenn es einen Mitbewohner namens Dr. Pfeffer betrifft.

Erst höre ich ein Geräusch, als ob ein Fisch nach Luft schnappt; das wiederholt sich etwa zehnmal; dann werden umständlich die Lippen befeuchtet, dazwischen leise Schmatzgeräusche, gefolgt von einem langwierigen Herumwälzen im Bett und dem Umsortieren von Kissen. Fünf Minuten vollkommene Ruhe, dann wiederholt sich diese ganze Prozedur noch mindestens dreimal, danach hat der Doktor sich dann wieder für eine Weile selbst in den Schlaf gelullt.

Es kann auch vorkommen, dass nachts zu verschiedenen Zeiten zwischen ein und vier Uhr geschossen wird. Das nehme ich nie bewusst wahr, bevor ich aus Gewohnheit neben meinem Bett stehe. Manchmal bin ich so sehr am Träumen, dass ich an unregelmäßige französische Verben oder Oben-Streitigkeiten denke. Wenn das dann vorbei ist, merke ich erst, dass geschossen wurde und ich still im Zimmer geblieben bin. Aber meistens läuft alles ab wie oben beschrieben. Schnell wird ein Kissen plus Taschentuch in die Hand genommen, Bademantel an, Pantoffeln und dann im Laufschritt zu Vater, genauso wie Margot es im Geburtstagsgedicht geschrieben hat: Des Nachts beim allerersten Schuss, knarrt eine Tür, und kommen muss ... ein Taschentuch, Kissen, ein Mädchen dazu ...

Einmal im großen Bett gelandet, ist der erste Schreck schon überstanden, außer wenn das Schießen besonders laut ist.

Viertel vor sieben: Trrrrr ... der Wecker, der zu jeder Zeit (ob man ihn so eingestellt hat oder nicht) die Stimme erheben kann. Kracks ... päng ... Frau van Pels hat ihn ausgeschaltet. Knarr ... Herr van Pels ist aufgestanden. Wasser aufsetzen und dann schnell ins Badezimmer.

Viertel nach sieben: Die Tür knarrt wieder. Pfeffer kann ins Bad. Einmal allein, wird die Verdunkelung abgenommen ... und der neue Tag im Hinterhaus hat angefangen.

Deine Anne

Donnerstag, 5. August 1943 [b]

Liebe Kitty,
heute nehmen wir mal die Mittagspause dran:

Es ist halb eins: Der ganze Haufen atmet auf. Nun sind van Maaren, der Mann mit der dunklen Vergangenheit, und de Kok endlich nach Hause gegangen. Oben hört man das

Stampfen des Staubsaugers über Frau van Pels' schönem und einzigem »Teppich«. Margot geht mit ein paar Büchern unter dem Arm zum Unterricht für »Kinder, die sich mit dem Lernen schwertun«, denn so wirkt Pfeffer.

Pim verzieht sich mit seinem ewigen Dickens in eine Ecke, um irgendwo Ruhe zu finden. Mutter eilt eine Etage höher der fleißigen Hausfrau zu Hilfe, und ich gehe ins Badezimmer, um das ein bisschen frisch zu machen und mich gleich mit.

Viertel vor eins: Nach und nach tröpfeln alle ein: Erst Herr Gies, dann Kleiman oder Kugler, Bep und manchmal auch kurz Miep.

Ein Uhr: Alle hören gespannt BBC. Sie sitzen dicht um den kleinen Radioapparat herum, und das sind die einzigen Minuten des Tages, in denen sich die Mitglieder des Hinterhauses nicht gegenseitig ins Wort fallen, denn hier spricht jemand, dem nicht einmal Herr van Pels widersprechen kann.

Viertel nach eins: Das große Austeilen. Jeder von unten bekommt eine Tasse Suppe, und wenn es wirklich mal einen Nachtisch gibt, auch etwas davon. Zufrieden setzt sich Herr Gies auf den Diwan oder lehnt sich an den Schreibtisch. Zeitung, Suppentasse und meist auch die Katze neben sich. Wenn eines der drei fehlt, beschwert er sich ganz sicher. Kleiman erzählt das Neueste aus der Stadt; dafür ist er tatsächlich eine hervorragende Quelle. Kugler kommt holterdiepolter die Treppe rauf; ein kurzes, kräftiges Klopfen an der Tür, und er betritt, sich die Hände reibend, das Zimmer, je nach Stimmungslage guter Dinge und lebhaft oder schlecht gelaunt und still.

Viertel vor zwei: Die Esser erheben sich, und jeder geht

wieder seiner eigenen Beschäftigung nach. Margot und Mutter beim Abwasch, Herr und Frau van Pels auf dem Diwan, Peter auf dem Dachboden, Vater auf dem Diwan, Pfeffer auch, und Anne macht sich an die Arbeit. Nun ist es eine Zeitlang ganz still; wenn alle schlafen, wird niemand gestört. Pfeffer träumt von leckerem Essen, das kann man an seinem Gesicht sehr gut erkennen. Ich schaue nicht lang hin, denn die Zeit rast nur so, und um vier Uhr steht der pedantische Doktor schon mit der Uhr in der Hand vor mir, weil ich eine Minute zu spät den Tisch für ihn freiräume.

Deine Anne

Samstag, 7. August 1943 [b]

Liebe Kitty,
eine Unterbrechung der Hinterhausszenen. Ich habe vor ein paar Wochen damit angefangen, eine Geschichte zu schreiben, etwas, was ganz und gar ausgedacht ist; und daran habe ich so viel Spaß bekommen, dass sich meine Federkinder schon stapeln.

Weil ich dir versprochen habe, dir über all meine Erlebnisse in ungeschönter Form zu berichten, musst du jetzt beurteilen, ob kleine Kinder vielleicht Spaß an meinen Geschichten hätten.

Kaatje
Kaatje ist unser Nachbarsmädchen, und wenn ich aus dem Fenster schaue, kann ich bei schönem Wetter sehen, wie sie im Garten spielt.

Kaatje hat ein weinrotes Sonntagskleid aus Samt und für

unter der Woche ein Baumwollkleid, flachsblonde Haare, die sie in Rattenschwänzchen trägt, und hellblaue Augen. Kaatje hat eine liebe Mutter, aber keinen Vater mehr; ihre Mutter ist Waschfrau und den Tag über manchmal unterwegs, weil sie die Wohnungen anderer Leute putzt, und abends macht sie zu Hause die Wäsche für ihre »Herrschaften«. Um elf Uhr klopft sie dann noch die Teppiche aus und hängt lange Reihen Wäsche auf.

Kaatje hat nicht weniger als sechs Geschwister. Darunter ist ein kleiner Schreihals, der sich am Rockzipfel seiner elfjährigen Schwester festklammert, wenn die Mutter »Ab ins Bett!« ruft. Kaatje hat ein Kätzchen, das aussieht wie ein Mohr, so schwarz ist es. Kaatje sorgt gut für ihr Tier, jeden Abend, kurz bevor sie ins Bett geht, hört man sie »Miez, miez, miez, ka...tje, kaatje« rufen. Daher auch der Name Kaatje – vielleicht heißt das Mädchen gar nicht so, aber er passt zu ihr.

Kaatje hat auch zwei Kaninchen, ein weißes und ein braunes. Hopp ... hopp, springen sie im Gras herum, unten an dem Treppchen, das zu Kaatjes Wohnung führt. Manchmal kann Kaatje auch ungezogen sein, genau wie andere Kinder, und zwar kommt es dazu meistens, wenn es Streit mit ihren Brüdern gibt. Oh, kann diese Kaatje böse werden und sehr gut schlagen, schubsen und beißen. Die Brüder haben großen Respekt vor ihrer kräftigen Schwester.

»Einkaufen gehen, Kaatje!«, ruft Mutter. Kaatje steckt sich schnell die Finger in die Ohren, damit sie gleich, ohne zu lügen, behaupten kann, Mutter nicht gehört zu haben. Einkäufe macht Kaatje gar nicht gern. Aber eine Lüge ist ihr das nicht wert; Kaatje lügt nie, das sieht man gleich an ihren blauen Augen. Einer von Kaatjes Brüdern ist schon sechzehn und hat eine Stelle als Lehrling. Er kommandiert die Kinder oft herum wie ein Vater. Gegen Piet wagt Kaatje auch nichts zu sagen, denn er ist alles andere als sanft, und sie weiß aus Erfahrung, dass man ab und zu ein Bonbon bekommt, wenn man ihm gehorcht. Süßigkeiten findet Kaatje sehr lecker, genau wie ihre Schwestern.

Am Sonntag, wenn die Kirche ihr Bim-Bam, Bim-Bam ertönen lässt, geht Kaatjes Mutter mit allen Geschwistern in die Kirche. Dann betet Kaatje für ihren lieben Vater, der im Himmel ist, und auch für ihre Mutter, die noch lange leben soll. Nach der Kirche gehen sie zusammen spazieren. Das findet Kaatje besonders schön – im Park und manchmal auch in den Artis. Aber bis sie in den Tiergarten gehen, dauert es noch ein paar Monate, nämlich erst wieder im September, wenn es nur einen Viertelgulden kostet, oder zu Kaatjes Geburtstag, dann darf sie sich so etwas als Geschenk wünschen. Für andere Geschenke hat Kaatjes Mutter kein Geld.

Kaatje tröstet ihre Mutter oft, weil die abends, wenn sie hart gearbeitet hat und müde ist, manchmal dasitzt und weint. Kaatje verspricht ihr dann alles, was sie haben möchte, wenn sie selbst groß ist. Erwachsen wäre Kaatje schon so schrecklich gern, dann könnte sie Geld verdienen und schöne Kleider kaufen und außerdem ihren Schwestern Süßes schenken, genau wie Piet.

Aber erst muss Kaatje noch viel lernen und lange zur Schule gehen. Mutter will, dass sie später die Haushaltsschule besucht, aber dazu hat Kaatje überhaupt keine Lust. Sie will nicht zu irgendeiner gnädigen Frau in Stellung, sondern in die Fabrik, so wie die Mädchen, die sie jeden Tag in einer Gruppe vorbeilaufen sieht. Da ist man nicht allein und kann nett miteinander schwätzen; das tut Kaatje für ihr Leben gern!

In der Schule muss sie manchmal in der Ecke stehen, weil sie mal wieder den Mund nicht halten konnte, aber sonst ist sie eine sehr gute Schülerin. Kaatje mag auch die Lehrerin sehr gern; die ist meistens sehr lieb und unglaublich klug. »Wie sehr muss ich mich wohl anstrengen, damit ich so klug werde!«, denkt Kaatje. »Aber mit weniger kommt man auch durchs Leben; Mutter sagt immer, dass ich keinen Mann abbekomme, wenn ich zu schlau bin, und das wäre doch sehr schlimm.« Kaatje will später liebe Kinder haben, aber nicht solche wie ihre Geschwister. Kaatjes Kinder sollen viel braver und viel hübscher sein. Sie sollen schöne braune Locken haben, nicht so flachsblondes Haar, das sieht nicht schön aus, und auch keine Sommersprossen, denn die findet man bei Kaatje massenweise. Kaatje will auch nicht so viele Kinder haben wie ihre Mutter, zwei oder drei reichen völlig. Aber es hilft nichts, bis dahin dauert es noch schrecklich lange, bestimmt noch zweimal so lange wie ihr bisheriges Leben. »Kaatje«, ruft Mutter, »komm mal her, du ungezogenes Mädchen, wo steckst du denn? Jetzt aber schnell ins Bett, sicher hast du wieder vor dich hin geträumt!«

Kaatje seufzt; gerade hat sie so schöne Zukunftspläne gemacht.

Deine Anne

Montag, 9. August 1943 [b]

Liebe Kitty,

diesmal Fortsetzung der Hinterhaustageinteilung. Nach der Mittagspause ist der Mittagstisch an der Reihe.

Herr van Pels eröffnet den Reigen. Er wird als Erster bedient, nimmt sich ordentlich von allem, wenn es ihm schmeckt. Redet meistens mit, tut immer seine Meinung kund, und wenn das einmal geschehen ist, gibt es daran nichts mehr zu rütteln, denn wenn das jemand versucht, lässt er sich das nicht gefallen. Och ... er kann einen anfauchen wie eine Katze ... danke, kein Bedarf ... wenn man das einmal erlebt hat, erspart man sich ein weiteres Mal.

Er hat die beste Meinung, er kennt sich mit allem am besten aus. Na gut, er ist ein kluger Kopf, aber die Selbstgefälligkeit hat bei diesem Herrn einen hohen Grad erreicht.

Madame: Eigentlich sollte ich lieber schweigen. An manchen Tagen, vor allem, wenn schlechte Laune im Anzug ist, schaut man sie besser nicht an. Genau betrachtet ist sie die Schuldige an allen Diskussionen. Nicht der Gegenstand! Oh nein, da halten sich alle lieber zurück, aber man könnte sie vielleicht als Anstifterin bezeichnen. Hetzen, das macht Spaß. Hetzen gegen Frau Frank und Anne; gegen Margot und Herrn Frank geht das nicht so einfach.

Aber nun zu den Mahlzeiten. Frau van Pels kommt nicht zu kurz, auch wenn sie das gerne denkt. Die kleinsten Kartoffeln, die leckersten Happen, das Beste von allem – sorgfältig aussuchen, lautet Madames Devise. Die anderen kommen schon noch an die Reihe; Hauptsache, ich habe das Beste. (Genau das, was sie von Anne Frank denkt.) Zweitens reden: Wenn nur jemand zuhört. Ob es denjenigen interessiert oder nicht, ist anscheinend egal.

Sie denkt sicher: »Was Frau van Pels betrifft, findet jeder spannend.«

Kokett lächeln, so tun, als habe man zu allem etwas zu sagen, jedem ein paar gute Ratschläge geben, das *muss* doch einen guten Eindruck machen. Wenn man allerdings lang genug hinschaut, stellt man fest, dass nicht viel Gutes übrigbleibt. Erstens eifrig, zweitens fröhlich, drittens kokett und manchmal ein hübsches Gesicht. Das ist Gusti van Pels.

Der dritte Tischgenosse: Man hört nicht viel von ihm. Der junge Herr van Pels ist meistens still und sorgt dafür, dass man ihn kaum bemerkt. Was seinen Appetit betrifft: ein Danaidenfass; sein Magen wird nie voll, und nach der kräftigsten Mahlzeit behauptet er seelenruhig, ohne Schwierigkeiten noch doppelt so viel essen zu können.

Nr. 4. Margot: Isst wie ein Mäuschen, sagt gar nichts. Das Einzige, was noch rutschen will, ist Gemüse oder Obst. Verwöhnt, ist das Urteil der van Pels', zu wenig frische Luft und Sport, unsere Meinung.

Daneben Mama: Gesunder Appetit, redet viel. Niemandem kommt wie bei Frau van Pels der Gedanke: Das ist die Frau des Hauses. Worin der Unterschied besteht? Nun, Frau van Pels kocht, Mutter wäscht ab und putzt.

Nr. 6 und 7: Über Vater und mich will ich lieber nicht viel sagen. Ersterer ist der Bescheidenste von allen am Tisch. Er schaut erst, ob die anderen etwas bekommen haben; nichts braucht er, die besten Sachen sind für die Kinder.

Da sitzt das Vorbild, daneben das Nervenbündel der Hinterhausgemeinde.

Pfeffer: Nimmt, guckt nicht; isst, sagt nichts. Und wenn man etwas sagen muss, dann in Gottes Namen über Essen;

das führt nicht zu Streitigkeiten, höchstens zu Angeberei. Große Portionen werden verschluckt, und ein »Nein« hört man nie; nicht bei Gutem und auch nicht oft bei Schlechtem.

Die Hose hochgezogen bis zur Brust, die rote Jacke an, schwarze Lackpantoffeln und eine Hornbrille. So kann man ihn am Schreibtisch sitzen sehen, ewig bei der Arbeit, auf der Stelle tretend; Abwechslung bietet nur das Mittagsschläfchen und … der Lieblingsplatz … das WC. Drei-, vier-, fünfmal am Tag steht jemand ungeduldig vor der WC-Tür und versucht, ein dringendes Bedürfnis zu unterdrücken. Hüpft von einem Bein aufs andere und kann es kaum aushalten. Stört er sich daran? Aber keineswegs: von Viertel nach sieben bis halb acht, von halb eins bis ein Uhr, von zwei Uhr bis Viertel nach zwei, von vier Uhr bis Viertel nach vier, von sechs Uhr bis Viertel nach sechs und von halb zwölf bis zwölf Uhr. Man kann sich das notieren; es sind die festen »Sitzungszeiten«. Davon wird nicht abgewichen, und er stört sich nicht an der flehenden Stimme vor der Tür, die ein nahendes Unheil ankündigt.

Nr. 9: Ist kein Hinterhaus-Familienmitglied, aber sehr wohl eine Haus- und Tischgenossin. Bep hat einen gesunden Appetit. Lässt nichts unangerührt, ist nicht wählerisch. Mit allem kann man ihr eine Freude machen, und genau das macht uns Freude. Fröhlich und gut gelaunt, brav und gutherzig, das sind ihre Charaktereigenschaften.

Freitag, 29. Oktober 1943 [b]

Liebste Kitty,
Herr Kleiman ist wieder abwesend; sein Magen lässt ihm keine Ruhe. Er weiß noch nicht einmal selbst, ob die Blutung gestillt worden ist. Er war zum ersten Mal richtig *down*, als er uns erzählte, dass er sich nicht gut fühlte, und nach Hause ging.

Hier gab es wieder lautstarke Auseinandersetzungen zwischen Herrn und Frau van Pels. Das kam so: Das Geld von van Pels' ist alle. Sie wollten einen Wintermantel und einen Anzug von Herrn van Pels verkaufen, aber dafür ließ sich niemand finden. Er wollte viel zu viel Geld dafür haben.

Eines Tages, es ist schon eine Weile her, sprach Kleiman von einem befreundeten Pelzmacher; dadurch kam Herr van Pels auf die Idee, Frau van Pels' Pelzmantel zu verkaufen. Es ist ein Mantel, der aus Kaninchenpelz gemacht ist und siebzehn Jahre getragen wurde. Frau van Pels bekam 325 Gulden dafür. Dieser Betrag ist enorm. Frau van Pels wollte das Geld behalten, um nach dem Krieg neue Kleidung zu kaufen, und es war viel Überzeugungskraft nötig, bis ihr Mann ihr erklärt hatte, dass das Geld für den Haushalt dringend benötigt wurde.

Das Geschrei, Gestampfe und Geschimpfe kannst du dir unmöglich vorstellen. Es war beängstigend. Meine Familie stand mit angehaltenem Atem unten an der Treppe, um, falls nötig, die Kämpfenden zu trennen.

Dieses ganze Gekreische, das Geheule und die nervliche Unruhe sind eine solche Belastung und Anspannung, dass ich abends weinend ins Bett falle und dem Himmel danke, dass ich endlich einmal eine halbe Stunde für mich allein habe.

Mir geht es gut, außer dass ich überhaupt keinen Appetit habe. Immer wieder höre ich: »Du siehst aber schlecht aus.« Ich muss sagen, dass sie sich sehr anstrengen, damit ich gesund bleibe. Traubenzucker, Lebertran, Hefetabletten und Kalk kommen dabei zum Einsatz. Meine Nerven habe ich längst nicht immer im Griff, vor allem sonntags fühle ich mich miserabel. Dann ist die Stimmung im Haus drückend, schläfrig und bleischwer; draußen hört man keinen einzigen Vogel singen, eine tödliche und beengende Stille hängt über allem, und diese Schwere hüllt mich ganz fest ein, als ob ich mit müsste in eine tiefe Unterwelt. Vater, Mutter und Margot sind mir dann manchmal ganz und gar gleichgültig, ich irre von einem Zimmer ins andere, hinunter und wieder nach oben, und habe ein Gefühl wie ein Singvogel, dem die Flügel mit harter Hand ausgerissen worden sind und der in völliger Dunkelheit gegen die Stäbe seines engen Käfigs anfliegt. »Nach draußen, Luft und Lachen«, schreit es in mir; ich antworte nicht einmal mehr auf Fragen, lege mich auf einen Diwan, um die Zeit, die Stille, die schreckliche Angst zu verkürzen, denn töten kann man sie nicht.

Deine Anne

Samstag, 30. Oktober 1943 [b]

Liebe Kitty,

Mutter ist schrecklich nervös, und das ist für mich immer sehr gefährlich. Ob es Zufall ist, dass Vater und Mutter nie mit Margot schimpfen und immer ich alles abbekomme? Gestern Abend zum Beispiel: Margot las in einem Buch mit wunderschönen Bildern; sie stand auf, ging nach oben und legte das Buch weg, um gleich weiterzulesen. Ich hatte gerade nichts zu tun, nahm es und schaute mir die Bilder an. Margot kam zurück, sah, dass ich »ihr« Buch hatte, bekam eine Falte auf der Stirn und verlangte es böse zurück. Ich wollte noch ganz kurz weiter schauen. Margot wurde immer wütender, Mutter mischte sich mit den Worten ein: »Dieses Buch liest Margot, also gib es ihr.« Vater kam ins Zimmer, wusste nicht einmal, worum es ging, sah, dass Margot Unrecht getan wurde, und herrschte mich an: »Ich würde dich mal sehen wollen, wenn Margot in deinem Buch blättern würde!«

Ich gab sofort nach, legte das Buch hin und ging – ihnen zufolge »beleidigt« – aus dem Zimmer. Ich war weder beleidigt noch böse, wohl aber traurig.

Es war nicht richtig von Vater, sein Urteil abzugeben, ohne die Streitfrage zu kennen. Ich hätte Margot das Buch schon von selbst gegeben, und zwar viel früher, wenn Vater und Mutter sich nicht eingemischt und sofort Margot in Schutz genommen hätten, als ginge es um das allerschlimmste Unrecht.

Dass Mutter sich für Margot einsetzt, versteht sich von selbst; so machen die beiden das immer. Ich kenne das so gut, dass ich gegenüber Mutters Standpauken und Margots Gereiztheit völlig gleichgültig geworden bin. Ich liebe die beiden nur, weil sie nun einmal Mutter und Margot sind; als Menschen können sie mir gestohlen bleiben. Bei Vater ist das anders: Wenn er Margot vorzieht, alles gut findet, was Margot tut, Margot lobt und Margot liebkost, dann nagt etwas an mir, denn Vater bedeutet mir alles, er ist mein großes Vorbild; niemand anderen auf der Welt außer Vater liebe ich.

Er merkt nicht, dass er mit Margot anders umgeht als mit mir: Sie ist nun einmal die Klügste, die Liebste, die Schönste und die Beste. Aber ein bisschen Recht darauf, ernst genommen zu werden, habe ich doch auch. Ich war immer der Clown und der Taugenichts der Familie, musste immer für alle Taten doppelt büßen: einmal beim Ausgeschimpftwerden und einmal durch die Verzweiflung in meinem Inneren. Jetzt stellt mich diese oberflächliche Liebkoserei nicht mehr zufrieden, genauso wenig die sogenannten ernsten Gespräche. Ich verlange etwas von Vater, was er mir nicht geben kann.

Ich bin nicht eifersüchtig auf Margot, war es nie; ich will ihre Klug- und Schönheit nicht, ich würde nur so gern Vaters echte Liebe spüren, nicht nur als sein Kind, sondern als Anne-wie-sie-ist. Ich klammere mich an Vater fest, weil ich jeden Tag mit größerer Verachtung auf Mutter herabschaue und er der Einzige ist, der meinen letzten kleinen Rest Familiengefühl am Leben erhält. Vater versteht nicht, dass ich mich manchmal über Mutter aussprechen muss; er will das nicht und vermeidet alles, was mit Mutters Fehlern zu tun hat. Und doch macht mir Mutter mit all ihren Schwächen das Herz am schwersten. Ich weiß nicht, wie ich mich verhalten soll, kann ihr ihre Unordentlichkeit, ihren Sarkasmus und ihre Strenge nicht direkt vorhalten, aber auch nicht immer die Schuld bei mir suchen.

Ich bin in allem das genaue Gegenteil von ihr, deshalb kommt es natürlich zu Zusammenstößen. Ich urteile nicht über Mutters Charakter, denn das kann ich nicht. Ich betrachte sie nur als Mutter. Für mich ist Mutter keine Mutter. Ich selbst muss meine Mutter sein. Ich habe mich von ihnen abgegrenzt; ich habe mich allein auf den Weg gemacht und werde später sehen, wohin es mich verschlägt. Das kommt vor allem daher, dass ich in mir selbst ein sehr großes Vorbild dafür entdeckt habe, wie eine Mutter und eine Frau sein muss, und nichts davon in derjenigen wiederfinde, der ich den Namen Mutter geben muss.

Ich nehme mir immer wieder vor, nicht darauf zu achten, was Mutter falsch macht; ich will nur ihre guten Seiten sehen und das, was ich bei ihr nicht finde, bei mir selbst suchen. Aber das gelingt mir nicht, und das Schlimmste ist, dass weder Vater noch Mutter bemerken, dass sie in meinem Leben nicht das tun, was sie tun sollten, und ich sie deswegen verurteile. Gibt es wirklich jemanden, der seine Kinder ganz und gar zufriedenstellt? Manchmal glaube ich, Gott will mich prüfen, jetzt und auch später; ich muss allein ein guter Mensch werden, ohne Vorbilder und ohne Gespräche, dann bin ich später umso stärker.

Wer außer mir wird später diese Briefe lesen? Wer außer mir wird mich trösten? Denn oft habe ich Trost nötig; ich bin so oft nicht stark genug und mache mehr falsch als richtig. Das weiß ich auch und versuche immer wieder, jeden Tag aufs Neue, mich zu bessern.

Ich werde nicht immer gleich behandelt. Mal ist Anne so vernünftig und darf alles wissen, und am nächsten Tag höre ich wieder, Anne ist nichts als ein dummes kleines Schäfchen, das von nichts eine Ahnung hat und meint, wer weiß was aus Büchern gelernt zu haben! Ich bin nicht mehr das Baby und das Hätschelkind, das man außerdem wegen allem, was es tut, auslachen darf. Ich habe meine eigenen Ideale, Ideen und Pläne, kann sie aber noch nicht in Worte fassen.

Ach, es kommt so viel in mir hoch, wenn ich abends allein bin, und genauso, wenn ich Leute um mich haben muss, die mir zum Hals raushängen oder mich immer falsch verstehen. Letzten Endes komme ich darum immer zu meinem Tagebuch zurück; das ist mein Anfang und mein Ende, denn Kitty bleibt immer geduldig. Ich verspreche ihr, dass ich trotz allem durchhalten, mir meinen eigenen Weg bahnen und meine Tränen runterschlucken werde. Ich würde nur so gern schon ein paar Ergebnisse sehen oder ein einziges Mal von jemandem ermutigt werden, der mich liebt.

Verurteile mich nicht, sondern sieh mich als jemanden, dem auch mal alles über den Kopf wachsen kann.

Deine Anne

Montag, 8. November 1943 [b]

Liebe Kitty,

wenn du meinen Briefstapel einmal hintereinander durchliest, wird dir sicher auffallen, in was für unterschiedlichen Stimmungen diese Briefe geschrieben sind. Ich finde es selbst schlimm, dass ich hier im Hinterhaus so sehr von Stimmungen abhängig bin, aber da bin ich übrigens nicht die Einzige, das betrifft uns alle. Wenn ich ein Buch lese, das mich beeindruckt, muss ich in mir gründlich Ordnung schaffen, bevor ich mich unter Menschen begebe, sonst würde man von mir denken, dass ich nicht ganz normal bin. Im Augenblick habe ich, wie du sicher bemerkt hast, eine Phase, in der ich niedergeschlagen bin.

Ich kann dir wirklich nicht sagen, woran das liegt, aber

ich glaube, dass es meine Feigheit ist, gegen die ich immer wieder ankämpfen muss.

Heute Abend, als Bep noch hier war, klingelte es lange, laut und durchdringend; in diesem Augenblick wurde ich weiß im Gesicht, bekam Bauchschmerzen und Herzklopfen, und das alles vor Angst!

Abends im Bett sehe ich mich allein im Gefängnis, ohne Vater und Mutter. Oder manchmal irre ich die Straße entlang, oder unser Hinterhaus steht in Flammen, oder sie kommen uns nachts holen, und ich lege mich in meiner Verzweiflung unters Bett. Ich sehe alles so vor mir, als würde ich es am eigenen Leib erleben, und dann noch das Gefühl zu haben, dass all das einem gleich passieren könnte! Miep sagt öfter mal, dass sie uns hier beneidet, weil wir hier Ruhe haben. Das mag wohl so sein, aber an unsere Angst denkt sie sicher nicht.

Ich kann mir überhaupt nicht vorstellen, dass die Welt für uns irgendwann einmal wieder normal wird. Ich spreche schon über »nach dem Krieg«, aber das ist dann, als ob ich über ein Luftschloss rede, über etwas, das nie Wirklichkeit werden kann.

An den Merry, die Freundinnen, Schule, Späße, an all das denke ich wie an etwas, das jemand anders als ich selbst erlebt hat. Ich sehe uns acht zusammen mit dem Hinterhaus, als ob wir ein Stückchen blauer Himmel sind, umgeben von schweren, schwarzen Regenwolken. Das runde, abgegrenzte Fleckchen, auf dem wir stehen, ist noch sicher, aber die Wolken rücken immer dichter an uns heran, und der Ring, der uns von der nahenden Gefahr trennt, wird immer enger.

Nun sind wir schon in solchem Maße von Gefahr und

Dunkelheit umgeben, dass wir in dem verzweifelten Versuch, einen Ausweg zu finden, immer wieder zusammenstoßen.

Wir schauen alle nach unten, wo die Menschen einander bekämpfen, schauen alle nach oben, wo es ruhig und schön ist, und die ganze Zeit sind wir abgeschnitten durch diese düstere Masse, die uns weder nach unten noch nach oben lässt, sondern vor uns steht wie eine undurchdringliche Mauer, die uns vernichten will, das aber noch nicht kann.

Ich kann nichts anderes tun, als zu rufen und zu flehen: »Oh Ring, Ring, werde weiter und öffne dich für uns!«

Deine Anne

Donnerstag, 11. November 1943 [b]

Liebe Kitty,
ich habe einen besonders guten Titel für dieses Kapitel:

Ode an meinen Füllfederhalter
In memoriam
»Aus Margots Schola Latina«

Mein Füllfederhalter war für mich immer ein kostbarer Besitz; ich schätzte ihn sehr, vor allem wegen der breiten Spitze, die er hatte, denn ich kann nur mit breiten Federhalterspitzen wirklich ordentlich schreiben. Mein Füllfederhalter hat ein sehr langes und interessantes Federhalterleben gehabt, und darüber will ich kurz etwas schreiben:

Als ich neun Jahre alt war, kam mein Füllfederhalter in einem Päckchen (in Watte gewickelt) als »Muster ohne Wert« den ganzen Weg aus Aachen, dem Wohnort meiner Großmutter, der gütigen Geberin. Ich lag mit Grippe im Bett, während der Februarwind ums Haus heulte. Der glorreiche

Füllfederhalter steckte in einem roten Lederetui und wurde gleich am ersten Tag all meinen Freundinnen gezeigt. Ich, Anne Frank, stolze Besitzerin eines Füllfederhalters.

Als ich zehn Jahre alt war, durfte der Federhalter mit in die Schule, und die Lehrerin erlaubte mir sogar, damit zu schreiben. Mit elf musste mein Schatz allerdings wieder weggepackt werden, da die Lehrerin der sechsten Klasse nur Schulfederhalter und Tintenfässer als Schreibgerät erlaubte. Als ich zwölf wurde und aufs Jüdische Lyzeum ging, bekam mein Füllfederhalter zur größeren Ehre ein neues Etui, in das auch ein Bleistift passte und das außerdem viel echter aussah, weil es einen Reißverschluss hatte. Mit dreizehn kam der Federhalter mit ins Hinterhaus, wo er mit mir durch unzählige Tagebücher und Hefte gerannt ist. Als ich vierzehn Jahre alt war, war das das letzte Jahr, das mein Federhalter mit mir vollendete, und jetzt …

Es war am Freitagnachmittag nach fünf Uhr, als ich aus meinem Zimmer kam und mich an den Tisch setzen wollte, um zu schreiben; ich wurde grob zur Seite geschoben und musste Platz für Margot und Vater machen, die ihr »Latein« übten. Der Federhalter blieb unbenutzt auf dem Tisch liegen, und seine Besitzerin begnügte sich seufzend mit einer winzigen Ecke und machte sich ans Bohnenreiben. Bohnen reiben heißt hier, angeschimmelte braune Bohnen wieder ansehnlich zu machen. Um Viertel vor sechs fegte ich den Boden und warf den Abfall zusammen mit den schlechten Bohnen auf eine Zeitung und in den Ofen. Eine gewaltige Flamme schlug heraus, und ich fand es prächtig, dass sich der Ofen, der schon fast seinen letzten Seufzer getan hatte, auf diese Weise wieder erholte.

Ruhe war wieder eingekehrt, die Lateiner abgezogen, und ich setzte mich an den Tisch, um mich an die geplante Schreibarbeit zu machen, aber wo ich auch suchte, mein Federhalter war nirgends zu finden. Ich suchte noch einmal, Margot suchte, Mutter suchte, Vater suchte, Pfeffer suchte, aber das Ding war spurlos verschwunden.

»Vielleicht ist er ja in den Ofen gefallen, zusammen mit den Bohnen!«, meinte Margot. »Aber nein, Kind«, antwortete ich.

Als mein Federhalter allerdings bis zum Abend immer noch nicht zum Vorschein gekommen war, nahmen wir alle an, dass er verbrannt war, zumal Zelluloid fantastisch brennt. Und wirklich, der düstere Verdacht bestätigte sich, als Vater am nächsten Morgen beim Saubermachen des Ofens den Clip, mit dem man einen Füllfederhalter feststeckt, mitten in einem Haufen Asche wiederfand. Von der goldenen Feder war nichts mehr übrig. »Sicher festgebacken an irgendeinem Stein«, meinte Vater.

Ein Trost ist mir geblieben, wenngleich ein magerer, mein Federhalter ist eingeäschert worden, genau, was ich später so gerne will!

Hebe den Clip auf.
(Der Federhalter ist weg)
Das hilft gegen den Schreck
Ich hatte Riesenpech
Deine Anne

Samstag, 27. November 1943 [b]

Liebe Kitty,
gestern Abend vor dem Einschlafen stand mir plötzlich Hanneli vor den Augen.

Ich sah sie vor mir, in Lumpen gekleidet, mit eingefallenem und abgemagertem Gesicht. Ihre Augen waren sehr groß, und sie sah mich so traurig und vorwurfsvoll an, dass ich in ihrem Blick lesen konnte: »Oh Anne, warum hast du mich verlassen? Hilf, oh hilf mir, rette mich aus dieser Hölle!«

Und ich kann ihr nicht helfen, ich kann nur zusehen, wie andere Menschen leiden und sterben, und darum muss ich mit den Händen im Schoß dasitzen und kann Gott nur bitten, sie zu uns zurückzubringen. Gerade Hanneli sah ich, niemand anderen, und das begriff ich. Ich habe sie falsch beurteilt, war zu sehr Kind, um ihre Schwierigkeiten zu verstehen. Sie hing an ihrer Freundin, und es sah aus, als wollte ich ihr die wegnehmen. Wie muss die Arme sich gefühlt haben; ich weiß es, ich selbst kenne dieses Gefühl so gut!

Manchmal, einen ganz kurzen Augenblick lang, sah ich etwas von ihrem Leben, um dann egoistisch direkt wieder in meinen eigenen Bedürfnissen und Problemen aufzugehen.

Es war hässlich von mir, wie ich sie behandelt habe, und jetzt sah sie mich mit ihrem bleichen Gesicht und ihrem flehenden Blick so hilflos an. Könnte ich ihr nur helfen! Oh Gott, dass ich hier alles habe, was ich mir nur wünschen kann, und dass sie durch das strenge Schicksal so hart angefasst wird. Sie war mindestens so fromm wie ich, sie wollte auch das Gute, warum wurde ich dann ausersehen zu leben und musste sie vielleicht sterben? Welchen Unterschied gab es zwischen uns? Warum sind wir nun so weit voneinander entfernt?

Ehrlich gesagt, hatte ich sie monatelang, ja ein Jahr lang fast vergessen. Nicht ganz, aber es war doch nicht so, dass ich sie in all ihrem Elend vor mir gesehen hätte. Ach Hanneli, ich hoffe, dass ich dich, wenn du das Kriegsende noch erleben solltest und zu uns zurückkommst, aufnehmen kann, um etwas von dem an dir wiedergutzumachen, was ich dir gegenüber falsch gemacht habe.

Aber wenn ich wieder in der Lage bin, ihr zu helfen, dann hat sie meine Hilfe nicht so nötig wie jetzt. Ob sie wohl auch manchmal an mich denkt, und was fühlt sie dann wohl?

Lieber Gott, sei ihr eine Stütze, damit sie zumindest nicht allein ist. Oh, könntest du ihr nur sagen, dass ich mit Liebe und Mitgefühl an sie denke, vielleicht würde sie das darin bestärken, alles auszuhalten.

Ich darf nicht weiter nachdenken, denn ich komme nicht davon los. Ich sehe immer wieder ihre großen Augen vor mir, die mich nicht loslassen. Ob Hanneli wohl wirklich aus sich selbst heraus glaubt; wurde ihr dieser Glaube nicht nur von außen aufgedrängt?

Ich weiß es nicht einmal; nie habe ich mir die Mühe gemacht, sie zu fragen.

Hanneli, Hanneli, könnte ich dich nur wegholen von dort, wo du jetzt bist, könnte ich dich nur an all dem teilhaben lassen, was ich habe.

Es ist zu spät, ich kann nicht mehr helfen und nicht mehr gutmachen, was ich falsch gemacht habe. Aber ich werde sie nie mehr vergessen und immer für sie beten!

Deine Anne

Freitag, 24. Dezember 1943 [b]

Liebe Kitty,

ich habe dir schon öfter geschrieben, dass wir hier alle so sehr mit Stimmungen zu tun haben, und ich glaube, dass dieses Übel bei mir vor allem in der letzten Zeit stark zunimmt. *»Himmelhoch jauchzend, zu Tode betrübt«* passt hier sicher gut. *»Himmelhoch jauchzend«* bin ich, wenn ich daran denke, wie gut wir es hier haben, und mich mit anderen jüdischen Kindern vergleiche, und das *»zu Tode betrübt«* überfällt mich zum Beispiel, wenn Frau Kleiman hier gewesen ist und von Jopies Hockeyclub erzählt, von Kanufahrten, Theateraufführungen und Teegesellschaften bei Freundinnen. Ich glaube nicht, dass ich eifersüchtig auf Jopie bin, aber ich verspüre sehr wohl eine starke Sehnsucht danach, auch einmal ordentlich Spaß zu haben und zu lachen, bis ich Bauchschmerzen bekomme. Vor allem jetzt im Winter, mit den freien Weihnachts- und Neujahrstagen; dann sitzen wir hier wie Ausgestoßene, und doch darf ich diese Worte eigentlich nicht aufschreiben, weil ich dann undankbar erscheine, aber was man auch von mir denken mag, ich kann nicht alles für mich behalten und verweise darum auf meine Worte vom Anfang: »Papier ist geduldig«.

Wenn jemand direkt von draußen kommt, mit dem Wind in den Kleidern und der Kälte im Gesicht, dann würde ich am liebsten den Kopf unter den Decken verstecken, um nicht zu denken: Wann ist es uns wieder vergönnt, frische Luft zu riechen? Und weil ich den Kopf nicht unter den Decken verstecken darf, ihn im Gegenteil aufrecht und gerade halten muss, kommen diese Gedanken trotzdem, nicht nur einmal, sondern viele, unzählige Male.

Glaub mir, wenn man anderthalb Jahre eingeschlossen ist, kann es einem an manchen Tagen auch mal zu viel werden. Aller Berechtigung und Dankbarkeit zum Trotz; Gefühle lassen sich nicht wegschieben.

Radfahren, tanzen, pfeifen, mir die Welt ansehen, mich jung fühlen, wissen, dass ich frei bin, danach sehne ich mich so, und doch darf ich es nicht zeigen, denn stell dir vor, wenn wir alle acht anfingen, uns zu beklagen oder ein unzufriedenes Gesicht aufzusetzen, wohin sollte das führen?

Deine Anne

Mittwoch, 29. Dezember 1943 [a]

Gestern Abend war ich wieder sehr traurig. Oma und Hanneli traten mir wieder vor Augen. Oma – oh, die liebe Oma, wie wenig haben wir begriffen, wie sie gelitten hat, wie lieb war sie immer zu uns, wie wichtig war ihr alles, was uns betraf, und dabei bewahrte sie stets sorgfältig das furchtbare Geheimnis, das sie in sich trug.

Wie treu und gut war Oma immer, niemanden von uns hätte sie je im Stich gelassen; worum es auch ging, wie frech ich auch gewesen war, Oma fand immer eine Entschuldigung für mich. Oma – hast du mich geliebt, oder hast du mich auch nie begriffen? Ich weiß es nicht. Oma hat sich auch niemals ein Mensch anvertraut. Wie einsam muss Oma gewesen sein, wie einsam, obwohl wir da waren. Ein Mensch kann einsam sein, trotz der Liebe von vielen, weil er für niemanden der »Liebste« ist.

Und Hanneli, lebt sie noch? Was tut sie? Oh Gott, beschütze sie und bringe sie zu uns zurück. Hanneli, an dir sehe ich immer, wie mein Schicksal auch hätte sein können, immer sehe ich mich an deiner Stelle. Warum bin ich dann oft noch traurig wegen dem, was hier passiert; muss ich nicht immer froh, zufrieden und glücklich sein, außer wenn ich an sie und ihre Schicksalsgenossen denke? Ich bin selbstsüchtig und feige. Warum träume und denke ich immer die schrecklichsten Dinge und würde vor Angst am liebsten aufschreien? Weil ich noch immer, trotz allem, Gott nicht genug vertraue. Er hat mir so viel gegeben, was ich sicher noch nicht verdient hatte, und trotzdem mache ich jeden Tag so viel falsch!

Man kann weinen, wenn man an seinen Nächsten denkt, man kann eigentlich nur den ganzen Tag weinen. Man kann nur beten, dass Gott ein Wunder geschehen lässt und noch einige von ihnen verschont. Und ich hoffe, dass ich das ausreichend tue!

Anne

Sonntag, 2. Januar 1944 [b]

Liebe Kitty,

als ich heute Morgen nichts zu tun hatte, blätterte ich in meinem Tagebuch und stieß mehrfach auf Briefe, die das Thema »Mutter« mit so heftigen Worten behandelten, dass ich erschrak und mich fragte: »Anne, bist du es, die über Hass gesprochen hat; oh Anne, wie konntest du nur?« Ich blieb mit dem geöffneten Heft in der Hand sitzen und dachte darüber nach, wie es kam, dass ich so voll bis zum Rand mit Wut und wirklich auch mit so etwas wie Hass war, dass ich alles dir anvertrauen musste. Ich habe versucht, die Anne von vor einem Jahr zu begreifen und zu entschuldigen, denn mein Gewissen ist nicht rein, solange ich dich mit diesen Beschuldigungen allein lasse, ohne dir nun im Nachhinein zu erklären, wie es dazu kam, dass ich das alles schrieb. Ich leide und litt unter Stimmungen, die mich (im übertragenen Sinne) mit dem Kopf unter Wasser gedrückt hielten und mich die Dinge, wie sie waren, nur subjektiv sehen ließen, ohne dass ich versuchte, ruhig über die Worte der Gegenseite nachzudenken und dann im Geist dessen zu handeln, den ich mit meinem aufbrausenden Temperament beleidigt oder den ich traurig gemacht hatte.

Ich habe mich in mir selbst versteckt, nur mich selbst betrachtet und alle meine Freude, meine spöttischen Bemerkungen und meine Traurigkeit ungestört in meinem Tagebuch niedergeschrieben. Dieses Tagebuch hat für mich einen großen Wert, weil es oft ein Erinnerungsbuch geworden ist, aber auf viele Seiten könnte ich nun ohne weiteres »Vorbei« schreiben.

Ich war wütend auf Mutter (bin es oft noch); sie verstand mich nicht, das ist wahr, aber ich verstand sie auch nicht. Weil sie mich sehr wohl liebte, war sie zärtlich, aber da sie durch mich auch in viele unangenehme Situationen geraten ist und dadurch und durch viele andere traurige Umstände nervös und gereizt war, ist es sehr gut nachvollziehbar, dass sie mich anherrschte.

Ich nahm das viel zu ernst, war beleidigt, unhöflich und frech zu ihr, was wiederum sie traurig machte. Es war also ein Hin und Her von Unannehmlichkeiten und Traurigsein. Schön war es für uns beide sicher nicht, aber es geht vorbei. Dass ich das nicht einsehen wollte und viel Mitleid mit mir selbst hatte, ist genauso begreiflich.

Die Sätze, die zu heftig sind, sind nichts als der Ausdruck

einer Wut, die ich im normalen Leben mit ein paar Mal Aufstampfen in einem verschlossenen Zimmer oder mit Schimpfen hinter Mutters Rücken losgeworden wäre.

Die Phase, in der ich Mutter unter Tränen verurteile, ist vorbei; ich bin klüger geworden, und Mutters Nerven haben sich ein wenig beruhigt. Ich halte meistens meinen Mund, wenn ich mich ärgere, und sie tut das auch, und dadurch geht es oberflächlich betrachtet viel besser.

Denn Mutter richtig lieben, mit der anhänglichen Liebe eines Kindes, das kann ich nicht.

Jetzt beruhige ich mein Gewissen mit dem Gedanken, dass die Schimpfereien besser auf dem Papier aufgehoben sind, als dass Mutter sie in ihrem Herzen mit sich herumtragen muss.

Deine Anne

Donnerstag, 6. Januar 1944 [b]

Liebe Kitty,
meine Sehnsucht danach, einmal mit jemandem zu sprechen, wurde so groß, dass ich auf die eine oder andere Weise auf die Idee kam, mir Peter dafür auszusuchen. Wenn ich manchmal, tagsüber, nach oben in Peters Zimmer kam, fand ich es dort immer sehr nett, aber weil Peter so bescheiden ist und nie jemandem, der ihn stört, die Tür weisen würde, wagte ich nie, länger zu bleiben, weil ich Angst hatte, dass er mich sehr lästig finden würde. Ich suchte nach einer Gelegenheit, unauffällig im Zimmer zu bleiben und dafür zu sorgen, dass er weiterredete, und diese Gelegenheit ergab sich gestern. Peter hat nämlich plötzlich eine Manie für Kreuzworträtsel entwickelt und tut nichts anderes

mehr als Rätsel lösen. Ich half ihm dabei, und schon bald saßen wir einander gegenüber an seinem Tisch, er auf dem Stuhl, ich auf dem Diwan.

Mir wurde sonderbar zumute, als ich ihm in die dunkelblauen Augen sah und bemerkte, wie verlegen ihn mein ungewohnter Besuch machte.

Ich hätte ihn gern gefragt: Erzählst du mir etwas über dich? Schau doch über diese unselige Schwatzsucht hinweg. Ich stellte jedoch fest, dass solche Fragen leichter im Vorhinein zu überlegen als auszusprechen sind.

Abends im Bett erschien mir die ganze Situation alles andere als positiv, und der Gedanke, dass ich um Peters Gunst flehen musste, einfach abstoßend. Man tut eine ganze Menge, um seine Sehnsucht zu befriedigen, das sieht man sehr gut an mir, denn ich nahm mir vor, mich öfter zu Peter zu setzen und ihn auf die eine oder andere Weise dazu zu bringen, mit mir zu reden.

Du darfst auf keinen Fall denken, dass ich verliebt in Peter bin, davon kann überhaupt keine Rede sein. Wenn die van Pels' statt eines Jungen eine Tochter hier gehabt hätten, hätte ich auch versucht, mit ihr Freundschaft zu schließen.

Heute Morgen wurde ich ungefähr um fünf vor sieben wach und wusste sofort ganz genau, was ich geträumt hatte. Ich saß auf einem Stuhl und mir gegenüber saß Peter ... Schiff. Wir blätterten in einem Buch mit Zeichnungen von Mary Bos, von dem immer nur eine Seite mit Zeichnungen bedeckt war; auf der anderen sah man verschiedene Beispielfiguren. So klar war mein Traum, dass ich mich an die Zeichnungen teilweise noch erinnere. Aber das war nicht alles, der Traum ging noch weiter; plötzlich traf Peters Blick meinen, und ich schaute sehr lange in diese schönen, samtbraunen Augen; dann sagte Peter ganz leise: »Wenn ich das gewusst hätte, wäre ich schon längst zu dir gekommen!« Brüsk drehte ich mich weg, denn meine Gefühle überwältigten mich. Und danach fühlte ich eine zarte, oh so kühle und angenehme Wange an der meinen, und alles war so gut, so gut …

In diesem Moment wachte ich auf, während ich noch seine Wange an meiner spürte und fühlte, wie seine braunen Augen mir tief ins Herz blickten, so tief, dass er darin gelesen hatte, wie sehr ich ihn geliebt hatte und wie sehr ich ihn immer noch liebe. Die Tränen sprangen mir wieder in die Augen, und ich war sehr betrübt, weil ich ihn nun wieder verloren hatte, aber zugleich trotzdem froh, weil ich wieder sicher wusste, dass Peter noch immer mein Auserwählter ist.

Es ist merkwürdig, dass ich oft solche deutlichen Traumbilder habe. Erst sah ich Omi eines Nachts so deutlich, dass ihre Haut wie aus dickem, weichem, faltigem Samt schien. Dann erschien Oma als Schutzengel, danach Hanneli, die ich als Symbol für das Elend von all meinen Freunden und allen Juden betrachte; wenn ich für sie bete, bitte ich für alle Juden und armen Menschen zusammen. Und nun Peter, mein lieber Peter; ich brauche kein Foto von ihm, ich sehe ihn deutlich genug vor mir.

Freitag, 7. Januar 1944 [b]

Liebe Kitty,
Dummkopf, der ich bin – ich habe überhaupt nicht daran gedacht, dass ich dir die Geschichte von meiner großen Liebe nie erzählt habe. Als ich noch ganz klein war, sogar noch

in der Vorschule, hatte ich mir Sally Kimmel ausgesucht. Er hatte keinen Vater mehr und wohnte mit seiner Mutter bei einer Tante. Ein Cousin von Sally, Appy, war ein hübscher, schlanker, dunkelhaariger Junge, der später aussah wie ein Filmschauspieler für Heldenrollen, und der immer mehr Bewunderung erntete als das witzige kleine Dickerchen Sally. Eine Zeitlang waren wir viel zusammen, aber ansonsten blieb meine Liebe unbeantwortet, bis Peter mir über den Weg lief und ich eine sehr intensive Kinderverliebtheit erlebte. Er mochte mich auch gern, und einen Sommer lang waren wir unzertrennlich. Ich sehe uns in Gedanken noch Hand in Hand durch die Zuider Amstellaan laufen, er in einem weißen Baumwollanzug, ich in einem kurzen Sommerkleid. Am Ende der großen Ferien kam er in die erste Klasse der Oberschule und ich in die sechste Klasse der Grundschule. Er holte mich von der Schule ab und ich ihn. Peter war ein bildhübscher Junge, groß, gutaussehend, schlank, mit einem ernsten, ruhigen und intelligenten Gesicht. Er hatte dunkles Haar und prächtige braune Augen, rotbraune Wangen und eine spitze Nase. Vor allem auf sein Lachen war ich ganz versessen; er sah dann immer so frech und spitzbübisch aus.

Dann fuhr ich in die Ferien, und als ich zurückkam, fand ich Peter nicht mehr an seiner alten Adresse vor; er war inzwischen umgezogen und wohnte mit einem viel älteren Jungen zusammen. Dieser wies ihn anscheinend darauf hin, dass ich ein kindisches kleines Ding war, und Peter ließ mich fallen. Ich liebte ihn so sehr, dass ich das nicht wahrhaben wollte und mich an ihn klammerte, bis der Tag kam, an dem ich begriff, dass man mich für jungsversessen halten würde, wenn ich ihm noch länger hinterherlief.

Die Jahre vergingen, Peter war mit Mädchen in seinem Alter zusammen und dachte gar nicht mehr daran, mich auch nur zu grüßen.

Ich kam aufs Jüdische Lyzeum, viele Jungen aus unserer Klasse verliebten sich in mich; mir gefiel das, es schmeichelte mir, aber es berührte mich nicht weiter. Etwas später interessierte sich dann Hello sehr für mich, aber wie gesagt verliebte ich mich nie mehr.

Es gibt ein Sprichwort: Die Zeit heilt alle Wunden; so ging es auch bei mir. Ich bildete mir ein, dass ich Peter vergessen hätte und ihn gar nicht mehr nett fand. Die Erinnerung an ihn lebte allerdings so stark weiter, dass ich mir selbst durchaus hin und wieder eingestand, dass ich auf diese anderen Mädchen eifersüchtig war und ihn aus diesem Grund nicht mehr leiden mochte. Heute Morgen habe ich gemerkt, dass sich nichts geändert hat, im Gegenteil; während ich älter und reifer wurde, wuchs meine Liebe in mir mit. Sein Gesicht hat sich mir so deutlich gezeigt, und ich weiß, dass sich niemand anders so dauerhaft in mir festsetzen kann.

Nach dem Traum bin ich völlig verwirrt. Was kann mir helfen? Ich muss einfach weiterleben und Gott bitten, dass er, wenn ich hier herauskomme, Peter auf meinen Weg schickt und dass der, wenn er in meinen Augen meine Gefühle liest, sagen wird: »Oh Anne, wenn ich das gewusst hätte, wäre ich schon längst zu dir gekommen.«

Deine Anne

Donnerstag, 17. Februar 1944 [b]

Liebe Kitty,

[...]

Seit gestern ist draußen herrliches Wetter, und ich bin wieder ganz munter. Ich gehe fast jeden Morgen auf den Speicher, um mir die dumpfe Zimmerluft aus den Lungen wehen zu lassen; von meinem Lieblingsplatz, dem Fußboden, aus schaute ich zum blauen Himmel, zum kahlen Kastanienbaum, in dessen Zweigen kleine Tropfen glänzten, zu den Möwen und den anderen Vögeln, die in ihrem Tiefflug wie aus Silber aussahen, und das alles rührte und packte uns beide so, dass wir nicht mehr sprechen konnten. Er stand da und lehnte den Kopf an einen dicken Balken, ich saß, wir atmeten die Luft ein, schauten nach draußen und spürten, dass wir das hier nicht mit Worten unterbrechen durften. Wir schauten sehr lange nach draußen, und als er Holz hacken gehen musste, wusste ich, dass er ein feiner Kerl ist. Er stieg die Treppe zum Oberboden hoch, ich folgte ihm, und während der Viertelstunde, die er Holz hackte, sprachen wir auch kein einziges Wort. Ich schaute von meinem Stehplatz aus zu ihm hinüber, wie er ganz offensichtlich sein Bestes gab, gut zu hacken, um mir seine Kraft zu zeigen. Aber ich schaute auch aus dem offenen Fenster, über ein großes Stück von Amsterdam, über alle Dächer bis an den Horizont, der so hellblau war, dass man die Linie nicht deutlich erkennen konnte.

»Solange es das gibt«, dachte ich, »und ich das erleben darf, diesen Sonnenschein, diesen Himmel, an dem keine einzige Wolke ist, so lange *kann* ich einfach nicht traurig sein.«

Für jeden, der Angst hat, einsam oder unglücklich ist, ist es sicher das beste Mittel, nach draußen zu gehen, irgendwohin, wo er ganz allein ist, allein mit dem Himmel, der Natur und Gott. Denn erst dann, nur dann, spürt man, dass alles so ist, wie es sein muss, und dass Gott die Menschen in der einfachen, aber schönen Natur glücklich sehen will.

Solange es das gibt, und das wird immer so sein, weiß ich, dass es unter allen Umständen einen Trost für jeden Kummer gibt. Und ich glaube ganz fest, dass die Natur bei allem Elend viel Schlimmes gutmachen kann.

Oh, wer weiß, vielleicht dauert es nicht mehr lange, und ich kann dieses überwältigende Glücksgefühl mit jemandem teilen, der es genauso empfindet wie ich.

Deine Anne

Freitag, 18. Februar 1944 [a]

Liebste Kitty,
wann ich auch nach oben gehe, hat das immer zum Ziel, dass ich »ihn« sehe. Mein Leben hier ist also eigentlich viel besser geworden, weil es nun wieder ein Ziel hat und ich mich an etwas freuen kann.

Das Objekt meiner Freundschaft ist zumindest immer im Haus, und ich brauche (außer vor Margot) keine Angst vor Rivalen zu haben. Du darfst wirklich nicht denken, dass ich verliebt bin, denn das ist nicht wahr, aber ich habe die ganze Zeit das Gefühl, dass zwischen Peter und mir noch etwas Besonderes wachsen wird, etwas, was Freundschaft ist und Vertrauen schenkt. Wann immer es mir möglich ist, gehe ich zu ihm, und es ist nicht mehr so wie früher, dass er nicht richtig weiß, was er mit mir anfangen soll;

im Gegenteil, er redet noch, wenn ich schon beinahe wieder zur Tür hinaus bin. Mutter sieht es nicht gern, dass ich nach oben gehe; sie sagt immer, dass ich Peter belästige und dass ich ihn in Ruhe lassen soll. Ob sie wirklich nicht begreift, dass ich auch über Intuition verfüge? (Hier ist dieses Wort zumindest im richtigen Zusammenhang gebraucht; Herr van Pels benutzt es am richtigen und am falschen Platz!)

Immer wenn ich nach oben in das kleine Zimmer gehe, schaut sie mich so seltsam an. Wenn ich von oben nach unten komme, fragt sie mich, wo ich gewesen bin. Ich finde es schlimm, aber langsam kann ich sie wirklich überhaupt nicht mehr leiden!

Deine Anne M. Frank

Sonntag, 19. März 1944 [a]

Liebe Kitty,
gestern war ein sehr wichtiger Tag für mich, und zwar aus folgendem Grund: Nach dem Mittagessen verlief alles ganz wie gewöhnlich; um fünf Uhr ging ich Kartoffeln aufsetzen, und Mutter gab mir etwas von der Blutwurst; ich sollte es Peter bringen. Ich wollte das zuerst nicht tun, ging aber später doch: »Peter«, sagte ich, »kannst du das bitte von uns annehmen, für deine Brötchen?« Aber er nahm die Wurst nicht, und ich hatte das schreckliche Gefühl, dass es noch immer wegen des Streits über das Misstrauen war. Plötzlich konnte ich nicht mehr, die Tränen schossen mir in die Augen, und ohne ihn weiter zu bedrängen, stellte ich das Schüsselchen wieder bei Mutter ab und ging aufs WC, um mich schnell auszuweinen. Als ich

fertig war, hatte ich beschlossen, mich mit Peter auszusprechen. Vor dem Essen saßen wir zu viert bei ihm, um ihm bei einem Kreuzworträtsel zu helfen, deswegen konnte ich nichts sagen, aber direkt, bevor wir uns zum Essen an den Tisch setzten, flüsterte ich ihm zu: »Machst du heute Abend Steno, Peter?« »Nein«, war seine Antwort. »Dann würde ich dich später gern kurz sprechen!« Damit war er einverstanden.

Nach dem Abwasch ging ich also zu ihm ins Zimmer und fragte, ob er die Blutwurst wegen des letzten Streits nicht angenommen hatte. Aber zum Glück war das nicht der Grund gewesen; er fand es einfach nicht richtig, so schnell nachzugeben. Wir sprachen weiter über die Streitigkeiten und darüber, dass ich die jetzt ganz anders beurteile usw. usw. Es war sehr warm im Zimmer gewesen und mein Gesicht krebsrot, darum ging ich, nachdem ich Margots Wasser nach unten gebracht hatte, noch kurz nach oben, um etwas Luft zu schnappen. Anstandshalber stellte ich mich zuerst bei van Pels' ans Fenster, aber schon bald ging ich zu Peter. Er stand links am offenen Fenster; ich stellte mich auf die rechte Seite, und wir unterhielten uns. Es war viel einfacher, am offenen Fenster, fast im Dunkeln zu reden, als bei so viel Licht, und ich glaube, dass Peter das auch fand.

Wir haben einander so viel erzählt, so schrecklich viel, das kann ich nicht alles wiederholen, aber es war gut, der schönste Abend, den ich bisher im Hinterhaus gehabt habe.

Ganz kurz will ich dir die verschiedenen Themen doch wiedergeben: Erst sprachen wir über die Streitigkeiten, dass ich die jetzt ganz anders beurteile; dann darüber, wie wir uns von unseren Eltern entfernen. Ich erzählte Peter von Mutter und Vater, von Margot und von mir selbst. An einer Stelle fragte er: »Ihr gebt euch sicher immer einen Kuss beim Gutenachtsagen?«

»Nicht nur einen, ganz viele. Du nicht, oder?«

»Nein, ich habe fast noch nie jemandem einen Kuss gegeben!«

»Auch nicht an deinem Geburtstag?«

»Doch, dann schon.«

Wir sprachen über Vertrauen, das wir alle beide unseren Eltern nicht geschenkt haben. Dass seine Eltern einander sehr lieben und auch gern sein Vertrauen hätten, aber dass er das nicht will. Dass ich meinen Kummer im Bett rausheule und er zum Fluchen auf den Dachboden geht. Dass Margot und ich einander auch erst so kurz kennen und dass wir einander trotzdem nicht so viel erzählen, weil wir immer zusammen sind. Über alles Mögliche, über Vertrauen, Gefühle und uns selbst; oh, er war genauso, wie ich es mir gedacht habe.

Dann kamen wir auf das Jahr 1942 zu sprechen, wie anders wir damals waren. Wir kennen uns alle beide in dieser Phase selbst nicht wieder. Wie wir einander anfangs nicht ausstehen konnten. Er fand es schrecklich, dass ich zu ihm ans Radio kam, er fand mich anstrengend und lästig, und ich fand schon bald an dem ganzen Jungen nichts. Ich verstand nicht, dass er nicht flirtete, aber nun bin ich froh. Er sprach auch noch darüber, dass er sich so viel absonderte. Ich erwähnte mein Lautsein und meinen Übermut und sein ruhiges Verhalten; dass zwischen beidem kein großer Unterschied liegt.

Dass ich auch die Ruhe liebe und nichts für mich allein habe, außer mein Tagebuch, dass jeder mich lieber gehen sieht als kommen, vor allem Herr Pfeffer, und drinnen will ich auch nicht immer sein. Dass er so froh ist, dass meine Eltern Kinder haben, und dass ich froh bin, dass er hier ist. Dass ich ihn nun in seiner Zurückgezogenheit und seinem Verhältnis zu seinen Eltern sehr wohl begreife und ihm so gerne bei den Streitigkeiten helfen würde. »Peter, wenn du einmal Hilfe nötig hast, wirst du es mir dann sagen?« »Aber du hilfst mir doch immer!«, antwortete er. »Wie denn?«, fragte ich sehr erstaunt. »Mit deiner Fröhlichkeit!«

Das war sicher das Schönste, was er zu mir gesagt hat. Außerdem sagte er noch, dass er es überhaupt nicht störend fand, wenn ich zu ihm kam, wie früher, sondern angenehm.

Ich erzählte ihm auch, dass in all den Kosenamen von Vater und Mutter nichts steckt. Dass durch ein Küsschen hier und ein Küsschen da noch kein Vertrauen geschaffen wird.

Dann sprachen wir über unseren eigenen Willen, das Tagebuch und die Einsamkeit, den Unterschied zwischen dem inneren und dem äußeren Menschen, den es bei jedem gibt. Meine Maske usw.

Es war herrlich; er muss mich jetzt als Kameraden liebhaben, und das ist vorläufig genug. Mir fehlen die Worte dafür, so dankbar und froh bin ich, und ich muss mich wirklich bei dir entschuldigen, Kitty, weil mein Stil heute schlechter ist als gewöhnlich. Ich habe einfach alles aufgeschrieben, was mir eingefallen ist!

Ich habe nun das Gefühl, dass Peter und ich ein Geheimnis teilen; wenn er mich mit diesem Blick anschaut, mit diesem Lachen und diesem Zwinkern, geht in mir drinnen ein Licht an. Ich hoffe, dass es so bleiben wird, dass wir noch viele, viele schöne Stunden zusammen verbringen dürfen!

Deine dankbare und frohe Anne

[a]

Tageseinteilung von Anne Frank an den Werktagen, Montag, Dienstag, Mittwoch, Donnerstag und Freitag, im Frühling 1944 im Hinterhaus:

Aufwachen: zwischen halb sieben und halb acht.
Vater kommt mich wecken: halb acht.
Aufstehen: acht nach halb acht.
Anziehen: von acht nach halb acht bis fünf vor acht, inklusive Bett abziehen, Lockenwickler rausnehmen, anziehen, Wasserstoff, Kamm, Spiegel und Salbe nach drinnen bringen.
Badezimmer: acht Uhr.
Fertig mit Anziehen und Haaremachen: etwa Viertel nach acht, Topf holen und Bücher usw. usw. bis halb neun.
Ruhe mit Lesen oder einer anderen stillen Tätigkeit von halb neun bis neun.
Frühstück: neun bis halb zehn.
Kartoffeln schälen: halb zehn bis zehn oder halb elf Uhr.
Arbeiten mit Büchern; mit Unterbrechungen durch Reden, Tagebuchschreiben, Schwätzen und Nichtstun (auch manchmal etwa um Viertel vor elf Kaffee) von halb elf bis zwölf Uhr.
Dachboden: zwölf Uhr bis Viertel vor eins. Luft schnappen.

Arbeit im Haushalt: Viertel vor eins bis ein Uhr. Damit ist den Waschtisch säubern gemeint.
Radio: ein Uhr bis Viertel nach eins.
Essen: Viertel nach eins oder halb zwei bis zehn vor zwei.
Schwätzen: zehn vor zwei bis zwei Uhr.
Wehrmachtsbericht: zwei Uhr bis kurz nach zwei.
Unten und oben herumhängen: bis halb drei.
Arbeiten, wieder mit diversen Unterbrechungen, oft auch viel Lesen, hängt von der Lektüre ab: von halb drei bis Viertel vor vier.
Brote essen: Viertel vor vier bis vier Uhr.
Frischmachen: vier Uhr bis Viertel nach vier.
Kaffee trinken: Viertel nach vier.
Kartoffeln holen: nach dem Kaffee bis kurz vor halb fünf. Der Kaffee wird oben zu sich genommen. Um Viertel nach vier gehen Margot und ich nämlich immer nach oben.
Bei Peter zum Französischmachen und Sich-Unterhalten: halb fünf bis Viertel nach fünf.
Freiheit, Büro weg und alles Mögliche im Haus: Viertel nach fünf bis sechs Uhr.
Radio: sechs Uhr bis Viertel nach sechs.
Schwätzen, herumhängen und nichts tun: Viertel nach sechs bis halb sieben.
Essen: halb sieben bis sieben Uhr.
Abwaschen: sieben Uhr bis halb acht.
Lesen, schreiben, reden: halb acht bis halb neun.
Ausziehen: halb neun bis zehn vor neun.
Badezimmer: zehn vor neun bis Viertel nach neun.
Toilette: Viertel nach neun bis halb zehn.
Gutenachtsagen, Licht aus: halb zehn bis Viertel vor zehn.

Nachdenken, träumen, beten und genießen: Viertel vor zehn bis Viertel nach zehn.
Schlafen: Viertel nach zehn oder halb elf bis etwa sieben Uhr.

Anne Frank

Mittwoch, 29. März 1944 [b]

Liebe Kitty,
gestern Abend sprach Minister Bolkesteyn im Oranje-Sender darüber, dass nach dem Krieg eine Sammlung von Tagebüchern und Briefen aus diesem Krieg abgehalten werden soll. Natürlich stürmten sie alle direkt auf mein Tagebuch los.

Stell dir mal vor, wie interessant es wäre, wenn ich einen Roman vom Hinterhaus herausgeben würde. Schon wegen des Titels würden die Menschen denken, dass es ein Detektiv-Roman wäre. Aber jetzt mal im Ernst; es muss bereits ungefähr zehn Jahre nach dem Krieg seltsam wirken, wenn wir erzählen, wie wir als Juden hier gelebt, gegessen und gesprochen haben. Obwohl ich dir viel von uns erzähle, weißt du nur ein ganz klein wenig über unser Leben.

Wie viel Angst die Damen haben, wenn Bombardements stattfinden, zum Beispiel am Sonntag, als 350 englische Flieger eine halbe Million Kilo Bomben auf IJmuiden geworfen haben, wie dann die Häuser zittern wie ein Grashalm im Wind, wie viele Epidemien hier herrschen; von all diesen Dingen weißt du nichts, und ich müsste den ganzen Tag mit Schreiben verbringen, wenn ich dir alles bis in jede Einzelheit erzählen wollte. Die Leute stehen für Gemüse und alle möglichen Dinge an, die Ärzte können nicht zu den Kranken kommen, weil ihnen immer wieder das Fahrzeug gestohlen wird, Einbrüche und Diebstähle gibt es zuhauf, so viele sogar, dass man sich fragt, was in die Niederländer gefahren ist, dass sie plötzlich so diebisch geworden sind. Kleine Kinder von acht und elf Jahren schlagen die Fenster von Häusern ein und stehlen alles, was nicht niet- und nagelfest ist. Niemand wagt es, auch nur für fünf Minuten seine Wohnung zu verlassen, denn wenn man weg ist, sind die Sachen auch weg. Jeden Tag stehen Anzeigen in der Zeitung, die denjenigen Belohnungen versprechen, die gestohlene Schreibmaschinen, Perserteppiche, elektrische Uhren, Stoffe usw. zurückbringen. Elektrische Uhren auf der Straße werden abmontiert, die Telefone in den Zellen bis auf den letzten Draht auseinandergenommen.

Die Stimmung in der Bevölkerung kann nicht gut sein; jeder hat Hunger, mit der Wochenration kann man nicht einmal zwei Tage auskommen, außer mit dem Ersatzkaffee. Die Invasion lässt auf sich warten, die Männer müssen nach Deutschland, die Kinder werden krank oder sind unterernährt, jeder trägt schlechte Kleidung und schlechte Schuhe.

Eine Sohle kostet auf dem Schwarzmarkt 7,50 Gulden, dabei nehmen die meisten Schuhmacher keine Kunden an, oder man muss vier Monate auf die Schuhe warten, die oft inzwischen verschwunden sind.

Ein Gutes hat die Sache, nämlich dass die Sabotage gegen die Obrigkeit immer schlimmer wird, je schlechter das Essen wird und je strenger die Maßnahmen gegen das Volk werden. Die Zuteilungsbehörde, die Polizei, die Beamten, alles beteiligt sich entweder daran, seinen Mitbürgern zu helfen, oder zeigt sie an und sorgt dafür, dass sie ins Gefängnis kommen. Zum Glück steht nur ein kleiner Prozentsatz der niederländischen Bürger auf der falschen Seite.

Deine Anne

Mittwoch, 5. April 1944 [a]

Liebe Kitty,

eine ganze Zeitlang wusste ich überhaupt nicht mehr, wofür ich eigentlich arbeite; das Ende des Krieges ist so entsetzlich weit weg, so unwirklich, märchenhaft und schön. Wenn der Krieg im September noch nicht vorbei ist, dann gehe ich nicht mehr zur Schule, denn zwei Jahre will ich nicht zurückfallen. Die Tage bestanden aus Peter, nichts als Peter, aus Träumen und Gedanken, bis ich mich am Samstagabend so entsetzlich schlaff fühlte, einfach schrecklich. Ich saß bei Peter und hatte Mühe, meine Tränen zurückzuhalten, lachte später beim Zitronenpunsch schrecklich mit van Pels', war lebhaft und aufgezogen, aber sobald ich allein war, wusste ich, dass ich mich jetzt ausweinen musste. Nur mit meinem Nachthemd bekleidet ließ ich mich zu Boden sinken und sprach erst sehr inbrünstig mein langes Gebet, dann weinte ich mit dem Kopf auf den Armen, mit angezogenen Knien, auf dem kahlen Fußboden, machte mich ganz klein. Mit einem lauten Schluchzen kam ich wieder ins Zimmer zurück und bezwang meine Tränen, weil sie drinnen nichts hören durften.

Dann fing ich an, mir selbst Mut zuzusprechen, ich sagte nichts als: Ich muss, ich muss, ich muss ... Ganz steif von der ungewohnten Haltung fiel ich gegen die Bettkante und kämpfte immer weiter, bis ich kurz vor halb elf wieder ins Bett stieg. Es war vorbei!

Und nun ist es ganz und gar vorbei; ich muss arbeiten, um nicht dumm zu bleiben, um vorwärtszukommen, um Journalistin zu werden, denn das will ich! Ich weiß, dass ich schreiben *kann*; einige meiner Geschichten sind gut, meine Hinterhausbeschreibungen humorvoll, vieles aus meinem Tagebuch sagt etwas aus, aber … ob ich wirklich Talent habe, wird sich noch zeigen müssen.

»Evas Traum« war mein bestes Märchen, und das Verrückte daran ist, dass ich überhaupt nicht sagen kann, woher es kommt. Vieles aus »Cadys Leben« ist auch gut, aber alles in allem ist es nichts!

Ich selbst bin meine schärfste und beste Kritikerin hier; ich weiß selbst, was gut geschrieben ist und was nicht. Niemand, der nicht schreibt, weiß, wie fantastisch Schreiben ist; früher tat es mir immer leid, dass ich überhaupt nicht zeichnen konnte, aber nun bin ich überglücklich, dass ich zumindest schreiben kann.

Und wenn ich kein Talent habe, um für Zeitungen oder Bücher zu schreiben, nun, dann kann ich immer noch für mich selbst schreiben. Aber ich will weiterkommen, ich kann mir nicht vorstellen, dass ich leben muss wie Mutter, Frau van Pels und all die Frauen, die ihre Arbeit tun und später vergessen sind; ich muss neben Mann und Kindern etwas haben, dem ich mich widmen kann!

Mit dem Schreiben werde ich alles los, meine Traurigkeit verschwindet, mein Mut lebt wieder auf! Aber, und das ist die große Frage, werde ich überhaupt jemals etwas Bedeutendes schreiben können, werde ich jemals Journalistin und Schriftstellerin werden?

Ich hoffe es, oh ich hoffe es so sehr, denn beim Schreiben kann ich alles festhalten – meine Gedanken, meine Ideale und meine Vorstellungen.

An »Cadys Leben« habe ich lange nichts mehr getan; im Kopf weiß ich genau, wie es weitergehen soll, aber es ging nicht so recht voran. Vielleicht wird es auch nie fertig und landet im Papierkorb oder im Ofen. Das ist kein schöner Gedanke, aber dann sage ich mir auch wieder, mit vierzehn Jahren und so wenig Erfahrung kann man noch keine Philosophie schreiben. Also weiter, mit neuem Mut, es wird schon gelingen, denn schreiben will ich!

Deine Anne M. Frank

Sonntag, 16. April 1944 [a]

Liebste Kitty,

behalte den gestrigen Tag in Erinnerung, denn er ist ein sehr wichtiger Tag in meinem Leben. Ist es nicht für jedes Mädchen wichtig, wenn sie ihren ersten Kuss bekommt? Nun, für mich genauso. Der Kuss von Bram auf meine rechte Wange zählt nicht, genauso wenig wie der von Woudstra auf meine rechte Hand.

Wie ich so plötzlich zu diesem Kuss gekommen bin, werde ich dir jetzt erzählen.

Gestern Abend um acht Uhr saß ich zusammen mit Peter auf seinem Diwan; schon bald legte er einen Arm um mich (da es Samstag war, hatte er keinen Overall an). »Lass uns ein bisschen aufrücken«, sagte ich, »dann stoße ich mir den Kopf nicht am Regal.« Er rückte fast bis ganz in die Ecke, ich legte meinen Arm unter seinem durch auf seinen Rücken und seine Seite, und er begrub mich fast unter sich, indem er mir den Arm um die Schulter legte.

Nun haben wir schon öfter so gesessen, aber noch nie so dicht zusammen wie gestern Abend. Er zog mich steif an sich, meine linke Brust lag auf der seinen, *mein* Herz klopfte schon, aber wir waren noch nicht fertig.

Er ruhte nicht, ehe mein Kopf auf seiner Schulter lag und seiner obendrauf. Als ich mich nach etwa fünf Minuten wieder etwas aufrichtete, nahm er schon bald meinen Kopf in seine Hände und sorgte dafür, dass wir wieder aneinandergeschmiegt dasaßen. Oh, es war so herrlich, ich konnte nicht viel sagen, der Genuss war zu groß; er streichelte ein bisschen ungeschickt meine Wange und meinen Arm, fummelte an meinen Locken herum, und unsere Köpfe lagen die meiste Zeit ganz dicht aneinander.

Das Gefühl, das mich dabei durchströmte, kann ich dir nicht beschreiben, Kitty; ich war überglücklich, und ich glaube, er auch.

Um halb neun standen wir auf; Pfeffer kam herein und ging mit seinem Mantel wieder weg. Peter zog Turnschuhe an, um bei der zweiten Runde durchs Haus leise zu sein, und ich stand dabei. Wie ich plötzlich die richtige Bewegung fand, weiß ich nicht, aber bevor wir nach unten gingen, gab er mir einen Kuss, in mein Haar, halb auf meine linke Wange, halb auf mein Ohr. Ich rannte nach unten, ohne mich noch einmal umzusehen, und sehne mich unendlich nach heute Abend.

Deine Anne M. Frank
Sonntagmorgen, kurz vor elf Uhr

Dienstag, 18. April 1944 [a]

Liebe Kitty,

wieder hat jemand Liebes für mich sein Chemieheft auseinandergenommen, um mir ein neues Tagebuch zu verschaffen; diesmal war es Margot.

Hier läuft alles gut; gestern Abend war der Zimmermann wieder da und hat angefangen, Eisenplatten vor die Türfüllungen zu schrauben. Unser WC funktioniert wieder, nur dürfen wir vor und nach der Bürozeit nicht mehr abziehen, nur mit Wasser nachspülen. Wenn die vom Büro da sind, darf auch nur ganz wenig gespült werden, weil van Maaren uns nicht hören darf. Aber man gewöhnt sich an alles, also auch daran.

Vater hat gerade gesagt, dass er mit großen Operationen vor dem 20. Mai rechnet, sowohl in Russland und Italien als auch im Westen; ich kann mir immer weniger vorstellen, dass wir jemals aus dieser Lage befreit werden.

Gestern sind Peter und ich endlich zu dem Gespräch gekommen, das wir bestimmt schon zehn Tage immer wieder verschoben haben. Ich habe ihm alles über Mädchen erklärt und mich nicht gescheut, über die intimsten Dinge zu sprechen. Allerdings fand ich schon lustig, dass er dachte, bei Frauen wird auf Bildern der Eingang immer einfach weggelassen. Er konnte sich also nicht vorstellen, dass der wirklich zwischen den Beinen ist.

Der Abend endete mit einem gegenseitigen Kuss, knapp neben dem Mund; es ist wirklich ein tolles Gefühl!

Vielleicht nehme ich mein Schöne-Sätze-Buch doch mal mit nach oben, damit wir endlich ein bisschen tiefer auf die Dinge eingehen können; ich finde es nicht befriedigend, einander immer nur in den Armen zu liegen, und würde mir so sehr wünschen, dass er das genauso sieht.

Wir haben nach unserem unbeständigen Winter wieder ein prächtiges Frühjahr; der April ist wirklich herrlich, nicht zu warm und nicht zu kalt, mit einem Regenschauer ab und zu. Unser Kastanienbaum ist schon ziemlich grün, und hier und da sieht man sogar schon kleine Kerzen.

Bep hat uns am Samstag mit vier Blumensträußchen verwöhnt, drei mit Narzissen und einer mit Traubenhyazinthen – die waren für mich.

Herr Kraler versorgt uns immer besser mit Zeitungen, jede Woche »Cinema & Theater«, oft »De Prins« und »Rijk der Vrouw«, jede Woche die »Haagse Post«, manchmal auch »Das Reich« und andere.

Ich muss Algebra machen, Kitty, auf Wiedersehen

deine Anne M. Frank

Freitag, 28. April 1944 [a]

Liebe Kitty,
meinen Traum von Peter Schiff habe ich nie vergessen (siehe Anfang Januar); ich spüre, wenn ich daran denke, heute noch seine Wange an der meinen, mit diesem herrlichen Gefühl, das alles gut werden ließ. Mit Peter hier hatte ich dieses Gefühl auch ab und zu, aber noch nie so stark, bis … wir gestern Abend zusammensaßen, wie gewöhnlich auf dem Diwan, einer in den Armen des anderen; da glitt die gewöhnliche Anne plötzlich weg, und dafür nahm die zweite Anne ihren Platz ein, die zweite Anne, die nicht übermütig und witzig ist, sondern nur liebhaben und sanft sein will. Ich saß an ihn geschmiegt da und fühlte die Rüh-

rung in mir aufsteigen; die Tränen sprangen mir in die Augen, eine fiel auf seinen Overall, die andere lief meine Nase entlang, durch die Luft, auch auf seinen Overall. Ob er das wohl bemerkt hat? Keine Bewegung verriet es. Ob er das Gleiche fühlte wie ich? Er sagte auch fast kein Wort. Ob er wohl weiß, dass er zwei Annes vor sich hat? Das sind alles unbeantwortete Fragen. Um halb neun, als Pfeffer schon wieder weg war, stand ich auf, ging zum Fenster; dann nahmen wir Abschied; ich zitterte noch, ich war noch Anne Nummer zwei, er kam zu mir, ich schlang die Arme um seinen Hals und drückte ihm einen Kuss auf die linke Wange; gerade wollte ich mich der rechten zuwenden, als mein Mund dem seinen begegnete und wir unsere Lippen einfach aufeinanderpressten. Taumelnd schmiegten wir uns aneinander, noch einmal und noch einmal, und wollten nie wieder aufhören, oh!

Peter hat das Bedürfnis nach Zärtlichkeit; er hat zum ersten Mal im Leben ein Mädchen entdeckt, hat zum ersten Mal gesehen, dass die Mädchen, die einen am meisten aufziehen, auch ein Innenleben und ein Herz haben und sich anders verhalten, sobald sie mit einem allein sind.

Er hat zum ersten Mal in seinem Leben seine Freundschaft und sich selbst gegeben, er hat noch nie zuvor einen Freund oder eine Freundin gehabt. Nun haben wir einander gefunden; ich kannte ihn auch nicht, hatte auch noch nie einen Vertrauten, und so ist es nun gekommen ... Wieder die Frage, die mich nicht loslässt: »Ist es gut so?« Ist es gut, dass ich so schnell nachgebe, dass ich so heftig bin, genauso heftig und sehnsüchtig wie Peter selbst? Darf ich, ein Mädchen, mich so gehenlassen?

Darauf gibt es nur eine Antwort: »Ich sehne mich so ... schon so lange; ich bin so einsam und habe nun Trost gefunden!«

Am Morgen sind wir noch ganz normal, mittags auch noch ziemlich, außer ganz selten; aber abends kommt die Sehnsucht des ganzen Tages, das Glück und die Seligkeit der vorigen Male wieder an die Oberfläche, und wir denken nur noch aneinander. Jeden Abend, nach dem letzten Kuss, würde ich am liebsten wegrennen, ihm nicht mehr in die Augen sehen, weg, weg, ins Dunkel und allein! Und was wartet auf mich, wenn ich die vierzehn Stufen nach unten gegangen bin? Helles Licht, Fragen hier und Lachen da; ich muss reagieren und darf mir nichts anmerken lassen.

Mein Herz ist noch zu weich, um einen Schock wie den von gestern Abend direkt wegschieben zu können; die zarte Anne kommt zu wenig zum Vorschein und lässt sich darum auch nicht sofort wieder zur Tür hinausjagen. Peter hat mich berührt, tiefer, als ich je zuvor in meinem Leben berührt worden bin, außer in meinem Traum! Peter hat mich angefasst, mein Innerstes nach außen gekehrt – ist es nicht für jeden Menschen selbstverständlich, dass er danach Ruhe braucht, um sein Innenleben wieder zu ordnen? Oh Peter, was hast du mit mir gemacht? Was willst du von mir? Wohin soll das führen? Oh, nun begreife ich Bep, jetzt, wo ich das hier erlebe, begreife ich ihre Zweifel; wenn ich älter wäre und er mich heiraten wollte, was würde ich dann antworten. Anne, sei ehrlich! Du würdest ihn nicht heiraten können, aber loslassen ist auch so schwer. Peter hat noch zu wenig Charakter, zu wenig Willenskraft, zu wenig Mut und Stärke. Er ist noch ein Kind, in seinem

Innersten nicht älter als ich; er will nur Ruhe und Glück finden.

Bin ich wirklich erst vierzehn? Bin ich wirklich noch ein dummes Schulmädchen? Bin ich wirklich noch so unerfahren in allem? Ich habe mehr Erfahrung als die anderen, ich habe etwas erlebt, was in meinem Alter fast niemand kennt.

Ich habe Angst vor mir selbst, ich habe Angst, dass ich mich in meiner Sehnsucht zu rasch verschenke; wie soll es dann später mit anderen Jungen gutgehen? Oh, es ist so schwierig, Herz und Verstand, jeder von ihnen muss zu seiner Zeit sprechen, aber woher weiß ich sicher, dass ich die Zeit richtig gewählt habe?

Deine Anne M. Frank

Freitag, 5. Mai 1944 [a]

Liebe Kitty,
Vater ist unzufrieden mit mir; er hatte gedacht, dass ich nach unserem Gespräch vom Sonntag von selbst nicht mehr jeden Abend nach oben gehen würde. Er will die *»knutscherei«* nicht haben. Dieses Wort wollte ich nicht hören; es war schon unangenehm genug, darüber zu sprechen, warum muss er nun auch noch dafür sorgen, dass ich mich so unbehaglich fühle! Ich werde heute mit ihm sprechen; Margot hat mich gut beraten. Schau mal, was ich ungefähr sagen will:

»Ich glaube, Vater, dass du eine Erklärung von mir erwartest; die will ich dir geben. Du bist enttäuscht von mir, du hast mehr Zurückhaltung von mir erwartet, du willst sicher, dass ich mich genauso verhalte, wie es sich für eine Vierzehnjährige gehört – da irrst du dich!

Seit wir hier sind, von Juli 1942 bis vor ein paar Wochen, hatte ich es alles andere als einfach. Wenn du nur wüsstest, wie oft ich abends sehr geweint habe, wie verzweifelt und unglücklich ich war, wie einsam ich mich gefühlt habe, dann würdest du sehr gut begreifen können, dass ich nach oben will! Ich habe es nicht von einem auf den anderen Tag erreicht, dass ich so weit gekommen bin, ganz ohne Mutter und ohne Stütze von wem auch immer leben zu können; es hat mich sehr, sehr viele Kämpfe und Tränen gekostet, so selbständig zu werden, wie ich nun bin. Du wirst vielleicht darüber lachen und mir nicht glauben, das ist mir egal; ich weiß, dass ich als Mensch allein stehe, und ich fühle mich euch gegenüber für keinen Cent verantwortlich. Ich habe dir das nur erzählt, weil ich dachte, du würdest mich sonst hinterhältig finden; aber für meine Taten muss ich nur mir selbst gegenüber die Verantwortung übernehmen.

Als ich es schwer hatte, habt ihr, und auch du, die Augen davor verschlossen und die Ohren zugemacht; du hast mir nicht geholfen, im Gegenteil, nichts als Ermahnungen habe ich bekommen, ich solle nicht so laut sein. Ich war laut, um nicht die ganze Zeit traurig zu sein, ich war übermütig, um nicht immer die Stimme in meinem Inneren hören zu müssen. Ich habe Komödie gespielt, anderthalb Jahre lang, tagein, tagaus, ich habe nicht geklagt, bin nicht aus der Rolle gefallen, nichts von alldem, und nun, nun liegt der Kampf hinter mir. Ich habe gewonnen! Ich bin selbständig in Körper und Geist, ich habe keine Mutter mehr nötig, ich bin durch diesen ganzen Kampf stark geworden!

Und jetzt, jetzt, wo ich alles überwunden habe, wo ich weiß, dass der Kampf für mich vorüber ist, nun will ich auch selbst meinen Weg weitergehen, den Weg, den ich für gut halte. Du kannst und darfst mich nicht als Vierzehnjährige betrachten; diese ganzen Schwierigkeiten haben mich älter gemacht; ich werde meine Taten nicht bereuen, ich werde so handeln, wie ich selbst glaube, dass es gut ist!

Du kannst mich nicht sanft von oben fernhalten; entweder verbietest du mir alles, oder du vertraust mir durch dick und dünn; lass mich dann aber auch in Ruhe!«

Deine Anne M. Frank

[…]

Sonntagmorgen, 7. Mai 1944 [a]

Liebe Kitty,

Vater und ich hatten gestern Nachmittag ein langes Gespräch; ich musste schrecklich weinen, und er auch. Weißt du, was er zu mir gesagt hat, Kitty? »Ich habe schon viele Briefe in meinem Leben bekommen, aber der hier ist der hässlichste! Du, Anne, die du so viel Liebe von deinen Eltern empfangen hast, die du Eltern hast, die immer für dich bereitstehen, die dich immer verteidigt haben, worum es auch ging, du sprichst davon, dich nicht verantwortlich zu fühlen! Du fühlst dich ungerecht behandelt und alleingelassen – nein, Anne, damit hast du uns sehr Unrecht getan!

Vielleicht hast du es nicht so gemeint, aber es war so hingeschrieben; nein, Anne, so einen Vorwurf haben *wir* nicht verdient!«

Oh, ich habe einen schrecklichen Fehler gemacht; das ist sicher das Schlimmste, was ich je in meinem Leben getan habe. Ich wollte nichts als angeben mit meinem Weinen und meinen Tränen, mich nur als großartig darstellen, damit sie Respekt vor mir haben. Sicher, ich habe viel Trauriges erlebt, und was Mutter betrifft, ist alles wahr, aber den guten Pim so zu beschuldigen, ihn, der alles für mich getan hat und immer noch alles für mich tut, nein, das war mehr als gemein.

Es ist sehr gut, dass ich einmal aus meiner unerreichbaren Höhe herabgeholt worden bin, dass mein Stolz ein wenig angeknackst ist, denn ich war wieder viel zu eingenommen von mir selbst. Was Frl. Anne tut, ist noch lange nicht immer gut! Jemand, der einem anderen, von dem er behauptet, ihn zu lieben, solchen Kummer bereitet, und das auch noch mit Absicht, ist ein schlechter Mensch, ein sehr schlechter!

Und am meisten schäme ich mich noch über die Art und Weise, wie Vater mir verziehen hat; er wird den Brief in den Ofen werfen und ist nun so lieb zu mir, als hätte *er* etwas falsch gemacht. Nein, Anne, du musst noch entsetzlich viel lernen; fang erst mal damit an, anstatt so auf andere herabzuschauen und andere zu beschuldigen!

Ich habe oft Kummer gehabt, aber ist das nicht bei jedem in meinem Alter so? Ich habe viel Komödie gespielt, aber ich war mir dessen noch nicht einmal bewusst; ich fühlte mich einsam, war aber fast nie verzweifelt! So wie Vater, der mit einem Messer auf die Straße gelaufen ist, um allem ein Ende zu machen, so weit ist es bei mir nie gekommen.

Ich muss mich zutiefst schämen und ich schäme mich auch zutiefst; daran, was geschehen ist, kann man nichts ändern, aber man kann weitere Fehler verhindern. Ich will wieder von vorne anfangen, und das kann nicht so schwierig sein, weil ich jetzt Peter habe. Mit ihm als Stütze kann ich es! Ich bin nicht mehr allein; er liebt mich, ich liebe ihn, ich habe meine Bücher, mein Schreibbuch und mein Tagebuch; ich bin nicht besonders hässlich, nicht schrecklich dumm, habe eine fröhliche Natur und will einen guten Charakter bekommen!

Ja, Anne, du hast sehr gut gespürt, dass dein Brief zu hart und unwahr war, und du warst auch noch stolz darauf! Ich werde mir Vater wieder zum Vorbild nehmen, und ich *werde* mich bessern.

Deine Anne M. Frank

Montag, 8. Mai 1944 [a]

Liebe Kitty,
habe ich dir eigentlich überhaupt schon von unserer Familie erzählt? Ich glaube nicht, und darum werde ich jetzt sofort damit anfangen. Vater ist in Frankfurt am Main geboren, als Sohn steinreicher Eltern; Michael Frank hatte eine Bank und war damit Millionär geworden, und Alice Stern hatte sehr vornehme und reiche Eltern. Michael Frank war in seiner Jugend überhaupt nicht reich, hatte sich aber ordentlich hochgearbeitet. Vater führte in seiner Jugend ein echtes Reicher-Sohn-Leben, jede Woche Partys, Bälle, Feste, hübsche Mädchen, Walzer, Diners, viele Zimmer usw. usw. Das ganze Geld ging nach Opas Tod verloren, und nach dem Weltkrieg und der Inflation war nichts mehr davon übrig. Bis vor dem Krieg gab es aber noch genug reiche Familienangehörige wie Olga Spitzer in Paris und Milly Stanfield in London. Auch Jacob und Hermann in Luxemburg hatten nicht über Geldmangel zu klagen! Vater ist also prima-prima erzogen und musste gestern schrecklich lachen, weil er zum ersten Mal in seinem fünfundfünfzigjährigen Leben am Tisch die Pfanne auskratzte.

Mutter war nicht ganz so reich, aber doch schon ganz ordentlich, und darum können wir mit offenem Mund den Geschichten von Verlobungen mit 250 Personen, privaten Bällen und Diners lauschen.

Reich kann man uns auf keinen Fall mehr nennen, meine ganze Hoffnung ist auf die Zeit nach dem Krieg gerichtet; ich versichere dir, dass ich auf keinen Fall ein so eingeschränktes Leben führen möchte, wie Mutter und Margot es von sich sagen. Ich würde gern für ein Jahr nach Paris und nach London gehen, um die Sprache zu lernen und Kunstgeschichte zu studieren; vergleiche das mal mit Margot, die Säuglingsschwester in Palästina werden möchte.

Ich wünsche mir noch immer schöne Kleider und interessante Menschen; ich möchte etwas sehen und erleben auf der Welt, das habe ich dir schon öfter erzählt, und ein bisschen Geld kann dabei nicht schaden!

[…]

Deine Anne M. Frank

Donnerstag, 11. Mai 1944 [a]

Liebe Kitty,

[…]

Nun zu etwas anderem: Du weißt schon lange, dass es mein größter Wunsch ist, einmal Journalistin und später eine berühmte Schriftstellerin zu werden. Ob ich diese Neigungen zum Großen (oder zum Größenwahnsinn!) jemals werde ausführen können, wird sich herausstellen müssen, aber Themen habe ich bis jetzt durchaus. Nach dem Krieg will ich auf jeden Fall ein Buch mit dem Titel »Das Hinterhaus« veröffentlichen; ob das gelingt, bleibt noch die Frage, aber mein Tagebuch wird dafür dienen können. »Cadys Leben« muss auch fertig werden; ich habe mir den weiteren Verlauf der Geschichte so vorgestellt, dass Cady nach ihrer Genesung im Sanatorium nach Hause zurückkehrt und weiter mit Hans korrespondiert. Das geschieht 1941; sehr bald machte sie dann die Entdeckung, dass Hans sich von der NSB angezogen fühlt, und da Cady das Schicksal der Juden und das ihrer Freundin Marianne sehr zu Herzen geht, kommt es zu einer Entzweiung. Nach einer Begegnung, bei der sie alles erst wieder geklärt hatten, brechen sie miteinander, weil Hans ein anderes Mädchen gefunden hat. Cady ist tief verletzt und will Krankenschwester werden, um wenigstens einen guten Beruf zu haben. Nachdem sie die Ausbildung gemacht hat, geht sie auf das Drängen von Freunden ihres Vaters hin in die Schweiz, um in einem Lungensanatorium eine Stelle als Krankenpflegerin anzunehmen. In ihrem ersten Urlaub dort fährt sie an den Comer See, wo sie zufällig Hans begegnet. Er erzählt ihr, dass er zwei Jahre vorher die Nachfolgerin von Cady geheiratet, sich seine Frau aber in einem Anfall von Schwermut das Leben genommen hat.

An der Seite dieser Frau hatte er begriffen, wie sehr er seine kleine Cady geliebt hatte, und nun hielt er erneut um ihre Hand an. Cady nahm den Antrag nicht an, obwohl sie ihn, aller Vernunft zum Trotz, noch immer so sehr liebte wie früher; ihr Stolz hielt sie davon ab. Hans zog weg, und Jahre später hörte Cady, dass er in England gelandet war, wo er mehr krank als gesund lebte.

Cady selbst heiratete mit 27 Jahren einen wohlhabenden Mann vom Lande, Simon; sie liebte ihn mit der Zeit sehr, aber doch nie so sehr wie Hans. Sie bekam zwei Töchter und einen Sohn, Lilian, Judith und Nico. Simon und sie waren glücklich miteinander, aber Hans blieb im Hintergrund von Cadys Gedanken, bis sie eines Nachts von ihm träumte und Abschied von ihm nahm.

Es ist kein sentimentaler Unsinn, denn der Roman von Vaters Leben ist darin eingearbeitet.

Deine Anne M. Frank

Samstag, 20. Mai 1944 [a]

Liebe Kitty,
endlich, nach sehr vielen Überlegungen, habe ich also mit meinem »Hinterhaus« angefangen; in meinem Kopf ist es schon so weit fertig, wie es fertig sein kann, aber in Wirklichkeit wird es sicher viel langsamer gehen, wenn es überhaupt jemals fertig wird.

Gestern Abend kam ich vom Dachboden nach unten und sah sofort, als ich das Zimmer betrat, dass die schöne Vase mit Nelken auf dem Boden lag, Mutter auf den Knien am Aufwischen und Margot dabei war, meine Papiere vom Boden aufzufischen. »Was ist denn hier passiert?«, fragte ich mit bangen Vorahnungen, wartete ihre Antwort nicht einmal ab und schaute mir aus einiger Entfernung den Schaden an. Mein ganzer Ordner mit den Stammbäumen, meine Hefte, Bücher, alles schwamm. Ich weinte fast und war so aufgeregt, dass ich anfing, Deutsch zu sprechen; an meine genauen Worte kann ich mich nicht erinnern, aber Margot sagte, dass ich etwas wie *»unübersehbarer Schade, schrecklich, entsetslich, nie zu ergänzen«* und noch mehr von mir gab. Vater lachte schallend, Mutter und Margot stimmten mit ein, aber ich hätte um all die verlorene Arbeit und die sorgfältig ausgearbeiteten Aufzeichnungen weinen können.

Bei näherer Begutachtung hielt sich der *»unübersehbare Schade«* zum Glück noch einigermaßen in Grenzen; sorgfältig suchte ich auf dem Dachboden die zusammengeklebten Blätter zusammen und löste sie voneinander. Danach hängte ich sie nebeneinander an den Wäscheleinen zum Trocknen auf. Das war ein lustiger Anblick, und ich musste dann doch wieder lachen; Maria de Medici neben Karl V., Wilhelm von Oranien und Marie Antoinette. »Das ist Rassenschande«, witzelte Herr van Pels. Nachdem ich Peter die Aufsicht über meine Pamphlete anvertraut hatte, ging ich wieder nach unten.

»Welche Bücher sind hin?«, fragte ich Margot, die meinen Bücherbestand durchsah. »Algebra«, sagte Margot. Ich ging schnell zu ihr, aber leider war auch das Algebrabuch nicht ganz unbrauchbar.

Ich wollte, dieses Buch wäre *in* die Vase gefallen; ich habe noch nie ein Buch so gehasst wie dieses Algebrabuch. Vorne drin stehen mindestens zwanzig Namen von Mädchen, die es schon vor mir in ihrem Besitz hatten; es ist alt, vergilbt, vollgekritzelt, voller Durchgestrichenem und Verbesserungen. Wenn ich irgendwann mal richtig übermütig bin, reiße ich das Drecksding in Stücke!

Deine Anne M. Frank

Montag, 22. Mai 1944 [a]

Liebe Kitty,

Vater hat am 20. Mai bei einer Wette fünf Fläschchen Joghurt an Frau van Pels verloren. Die Invasion ist wirklich noch nicht gekommen; ich kann ohne Übertreibung sagen, dass ganz Amsterdam, die ganzen Niederlande, ja die ganze Westküste von Europa bis hinunter nach Spanien Tag und Nacht über die Invasion spricht, debattiert, wettet und ... hofft.

Die Spannung erreicht ihren Höhepunkt; leider haben nicht alle, die wir zu den »guten« Niederländern rechnen, ihr Vertrauen in die Engländer bewahrt; längst nicht alle halten den englischen Bluff für ein Meisterstück; oh nein, die Menschen wollen nun endlich Taten sehen, große und heldenhafte Taten.

Niemand denkt weiter, als seine Nase lang ist, niemand denkt daran, dass die Engländer für sich selbst und für ihr eigenes Land kämpfen; jeder glaubt, dass sie verpflichtet sind, so schnell und so gut wie möglich Holland zu retten. Welche Verpflichtungen haben die Engländer denn? Womit haben all die Holländer die edelmütige Hilfe verdient, die sie so ohne jeden Zweifel erwarten? Oh nein, die Niederländer werden sich noch gewaltig umschauen; die Engländer haben sich trotz all ihrer Bluffs doch bestimmt nicht mehr blamiert als all die anderen großen und kleinen Länder, die nun besetzt sind. Die Engländer werden sicher nicht ihre Entschuldigungen anbieten; sie haben geschlafen, während Deutschland sich bewaffnete, aber all die anderen Länder, die Länder, die an Deutschland grenzen, haben auch geschlafen. Mit Vogel-Strauß-Politik kommt man nicht weiter, das hat England und das hat die ganze Welt gesehen, und sie müssen alle, jeder Einzelne, und England nicht zuletzt, schwer dafür büßen.

Kein Land wird umsonst seine Männer opfern, vor allem nicht für die Belange eines anderen; auch England wird das nicht tun. Die Invasion, die Befreiung, die Freiheit werden einmal kommen; doch es ist England, das den Zeitpunkt bestimmt, nicht all die besetzten Gebiete zusammen.

Zu unserem großen Leidwesen und unserem großen Entsetzen haben wir gehört, dass die Stimmung uns Juden gegenüber bei vielen Menschen umgeschlagen ist. Wir haben gehört, dass es nun in Kreisen Antisemitismus gibt, die früher nicht daran gedacht hätten. Uns alle acht hat diese Tatsache tief, sehr tief betroffen gemacht. Die Ursache dieses Judenhasses ist begreiflich, manchmal sogar menschlich, aber nicht gut. Die Christen werfen den Juden vor, dass sie sich gegenüber den Deutschen verplappern, dass sie ihre Helfer verraten, dass viele Christen durch die Schuld der Juden dem schrecklichen Schicksal und den schrecklichen Strafen so vieler ausgesetzt sind. Das ist alles wahr. Aber sie sollten sich trotz allem die Kehrseite der Medaille ansehen; würden die Christen an unserer Stelle anders handeln? Kann ein Mensch, egal ob Jude oder Christ, im Angesicht der deutschen Methoden weiter schweigen? Jeder weiß, dass das fast unmöglich ist, warum verlangt man dann das Unmögliche von den Juden?

In den Kreisen des Untergrunds wird darüber gemunkelt, dass deutsche Juden, die in die Niederlande emigriert und nun in Polen sind, nicht mehr in die Niederlande zurückkehren dürfen; sie hatten in den Niederlanden Asylrecht, müssen aber, wenn Hitler weg ist, nach Deutschland zurück.

Wenn man so etwas hört, fragt man sich dann nicht ganz von selbst, warum dieser lange und mühsame Krieg geführt wird? Wir hören doch immer, dass wir alle zusammen für Freiheit, Wahrheit und Recht kämpfen! Und gibt es jetzt etwa schon während dieses Kampfes Zwietracht, ist der Jude wieder weniger wert als andere? Oh, es ist traurig, unendlich traurig, dass wieder, immer wieder die alte Weisheit bestätigt wird: Was ein Christ tut, hat er selbst zu verantworten, was ein Jude tut, fällt auf alle Juden zurück.

Ehrlich gesagt, kann ich es gar nicht fassen; Niederländer, Menschen dieses guten, ehrlichen und rechtschaffenen Volkes, urteilen so über uns, urteilen so über das vielleicht am stärksten unterdrückte, unglücklichste und das meiste Mitleid erregende Volk der ganzen Welt.

Ich hoffe nur eins, nämlich dass dieser Judenhass vorübergehen wird, dass die Niederländer doch noch zeigen werden, wer sie sind, dass sie weder jetzt noch jemals später in ihrem Gefühl für das Recht ins Wanken geraten, denn das ist falsch!

Und wenn das Schreckliche tatsächlich wahr werden sollte, dann wird das armselige Restchen der Juden aus den Niederlanden weggehen. Ja, wir werden wieder weiterziehen mit unserem kleinen Bündel, fort aus diesem schönen Land, das uns so herzlich Unterschlupf gewährt hat und uns jetzt den Rücken zuwendet.

Ich liebe die Niederlande, ich habe einmal gehofft, sie würden mir, der Vaterlandslosen, als Vaterland dienen; ich hoffe es noch!

Deine Anne M. Frank

Donnerstag, 25. Mai 1944 [a]

Liebe Kitty,

Bep hat sich verlobt! Die Tatsache an sich ist nicht so erstaunlich, obwohl sich keiner von uns sehr darüber freut. Bertus ist sicher ein solider, netter, sportlicher Junge; Bep liebt ihn aber nicht, und das ist für mich Grund genug, ihr von einer Heirat abzuraten.

Beps ganzes Streben ist darauf gerichtet, sich hochzuarbeiten, und Bertus zieht sie nach unten; er ist ein Arbeiter, ohne Interessen und ohne den Drang, vorwärtszukommen, und ich glaube nicht, dass sich Bep so glücklich fühlen wird. Es ist durchaus begreiflich, dass Bep diesen halben Sachen ein Ende macht; noch vor vier Wochen hat sie ihm abgesagt, aber damit fühlte sie sich noch unglücklicher, darum hat sie ihm wieder geschrieben, und jetzt haben sie sich verlobt.

Eine ganze Menge Faktoren spielen bei dieser Verlobung eine Rolle, erstens der kranke Vater, der Bertus sehr liebt, zweitens, dass sie die Älteste der Voskuijl-Mädchen ist und ihre Mutter sie damit aufzieht, dass sie noch keinen Mann hat, und drittens, dass sie gerade noch 24 ist, und das ist Bep sehr wichtig.

Mutter sagte, sie hätte es besser gefunden, wenn Bep ein Verhältnis mit ihm angefangen hätte; ich kann dazu nichts sagen; mir tut Bep leid und ich verstehe, dass sie sich sehr einsam gefühlt hat. Heiraten können sie sowieso erst nach dem Krieg, weil Bertus ein Illegaler oder zumindest ein schwarzer Mann ist, und dann haben sie alle beide noch keinen einzigen Cent und nichts, wovon sie leben können. Was für schlimme Aussichten für Bep, der wir alle so viel Gutes wünschen. Ich hoffe nur, dass sich entweder Bertus unter ihrem Einfluss verändert oder dass Bep noch einen netten Mann findet, der sie zu schätzen weiß!

Deine Anne M. Frank

Am selben Tag.

Jeden Tag etwas anderes; heute Morgen ist van Hoeven verhaftet worden; er hatte zwei Juden im Haus. Es ist ein schwerer Schlag für uns; nicht nur, dass die armen Juden wieder am Rande des Abgrundes stehen, für van Hoeven ist es schrecklich.

Die Welt steht kopf, die anständigsten Menschen werden in Konzentrationslager, ins Gefängnis und in einsame Zellen geschickt, und der Abschaum regiert über Jung und Alt, Reich und Arm. Der eine geht beim Schwarzhandel in die Falle, der Zweite durch Juden oder andere Versteckte; niemand, der nicht bei der NSB ist, weiß, was morgen passiert.

Auch für uns ist van Hoeven ein sehr schwerer Verlust. Erst war es Br., aber van Hoeven ist doch noch schlimmer. Bep kann und darf nicht so viele Kartoffeln anschleppen; uns bleibt nichts übrig, als weniger zu essen. Wie wir das anstellen sollen, werde ich dir noch mitteilen, aber angenehmer wird es sicher nicht. Mutter sagt, dass wir morgens gar kein Frühstück, mittags Brei und Brot, abends gebackene Kartoffeln und vielleicht ein- oder zweimal pro Woche Gemüse oder Salat bekommen, mehr nicht.

Wir werden hungern müssen, aber alles ist weniger schlimm, als entdeckt zu werden.

Deine Anne M. Frank

Freitag, 26. Mai 1944 [a]

Liebste Kitty,
endlich, endlich bin ich so weit, dass ich ruhig an meinem Tisch vor dem Spalt am Fenster sitzen und dir alles, alles schreiben kann.

Ich fühle mich so elend wie schon seit Monaten nicht mehr; selbst nach dem Einbruch war ich innerlich und äußerlich nicht so kaputt. Auf der einen Seite van Hoeven, die Judenfrage, die im ganzen Haus ausführlich besprochen wird, die ausbleibende Invasion, das schlechte Essen, die Anspannung, die Enttäuschung wegen Peter und dann die andere Seite, Beps Verlobung, das Pfingstfest, Blumen, Kuglers Geburtstag, Torten und Geschichten von Kabaretts, Filmen und Konzerten. Diesen Unterschied, diesen großen Unterschied, den gibt es immer – einen Tag lachen wir über das Absurde der Versteckssituation, aber am nächsten und an noch viel mehr Tagen haben wir Angst, sind Furcht, Anspannung und Verzweiflung auf unseren Gesichtern zu lesen.

Miep und Kugler tragen die größte Last, die uns und alle Versteckten betrifft; Miep bei der Arbeit, Kugler, dem die kolossale Verantwortung für uns acht manchmal über den Kopf wächst und der vor unterdrückter Nervosität und Aufregung beinahe nicht mehr sprechen kann. Kleiman und Bep sorgen auch gut für uns, sehr gut sogar, aber manchmal vergessen sie das Hinterhaus auch, und sei es nur für ein paar Stunden, vielleicht für ein, zwei Tage. Sie haben ihre eigenen Sorgen, Kleiman wegen seiner Gesundheit, Bep wegen ihrer Verlobung, bei der nicht alles rosig aussieht, und neben diesen Sorgen haben sie auch ihre Ausflüge, ihre Besuche, ihr ganzes Leben gewöhnlicher

Menschen; bei ihnen tritt die Anspannung manchmal in den Hintergrund, wenn auch nur für kurze Zeit, für uns tut sie das nie, zwei Jahre lang nicht, und wie lange wird sie uns noch in ihrem erdrückenden, stets fester zupackenden Griff haben?

Die Kanalisation ist wieder verstopft, es darf kein Wasser ablaufen, oder nur Tropfen für Tropfen; wir dürfen nicht aufs WC oder müssen eine Bürste mitnehmen; das Schmutzwasser bewahren wir in einem großen Steinguttopf auf. Heute können wir uns noch behelfen, aber was, wenn der Klempner es nicht allein hinbekommt; der Mann von der Stadt kommt nicht vor Dienstag. Miep hat uns ein Rosinenbrot mit der Aufschrift »Fröhliche Pfingsten« geschickt – es ist fast, als würde sie sich über uns lustig machen, denn unsere Stimmung und unsere Angst sind alles andere als »fröhlich«.

Wir alle sind nach der Sache mit van Hoeven ängstlicher geworden; man hört wieder von allen Seiten Pssst; alles geschieht leiser. Die Polizei hat dort die Tür aufgebrochen, davor sind wir also auch nicht sicher! Wenn auch wir einmal … Nein, ich will es nicht aufschreiben, die Frage lässt sich heute nicht wegschieben, im Gegenteil, die ganze schon einmal durchlebte Angst steht mir in all ihrem Schrecken wieder vor Augen.

Ich musste heute Abend um acht alleine nach unten aufs WC, niemand war unten, alle saßen am Radio, ich wollte mutig sein, aber es war schwer. Ich fühle mich hier oben noch immer sicherer als unten allein in dem großen, stillen Haus; schon die geheimnisvollen Poltergeräusche von oben und der Lärm der Hupen auf der Straße lassen mich zittern, wenn ich mich nicht beeile und auch nur kurz über die Situation nachdenke.

Miep ist uns gegenüber nach dem Gespräch mit Vater viel freundlicher und herzlicher geworden. Aber das habe ich dir noch nicht erzählt. Miep kam eines Nachmittags mit feuerrotem Kopf zu Vater und fragte ihn direkt, ob wir dachten, dass sie und Jan auch vom Antisemitismus angesteckt worden seien. Vater erschrak gewaltig und redete ihr das gründlich aus, aber etwas von ihrem Verdacht ist hängengeblieben. Sie besorgen mehr für uns, interessieren sich mehr für unsere Probleme, obwohl wir ihnen damit sicher nicht lästig werden dürfen. Oh, was sind das doch für durch und durch gute Menschen!

Ich frage mich immer wieder, ob es nicht besser für uns alle gewesen wäre, wenn wir uns nicht versteckt hätten, wenn wir nun tot wären und dieses Elend nicht mitmachen müssten und vor allem die anderen verschonten. Aber auch davor schrecken wir alle zurück, wir lieben das Leben noch, wir haben die Stimme der Natur noch nicht vergessen, wir hoffen noch, hoffen auf alles.

Lass nun bald etwas geschehen, wenn nötig Schießen, das kann uns nicht mehr zermürben als diese Unruhe; lass das Ende kommen, auch wenn es schwer ist, dann wissen wir zumindest, ob wir am Schluss siegen oder untergehen.

Deine Anne M. Frank

Donnerstag, 6. Juli 1944 [a]

Liebe Kitty,
mir wird angst und bange, wenn Peter davon spricht, dass er später vielleicht ein Verbrecher wird oder Spekulant; obwohl es natürlich scherzhaft gemeint ist, habe ich doch das Gefühl, dass er selbst Angst vor seiner Charakterschwäche hat. Immer wieder höre ich sowohl von Margot als auch von Peter: »Ja, wenn ich so stark und mutig wäre wie du, wenn ich so zielstrebig meinen Willen durchsetzen würde, wenn ich eine so unerschöpfliche Energie hätte, ja dann …!«

Ist es wirklich eine gute Eigenschaft, dass ich mich nicht beeinflussen lasse? Ist es wirklich gut, dass ich ausschließlich dem Weg meines eigenen Gewissens folge?

Ehrlich gesagt kann ich mich nicht so gut in jemanden hineinversetzen, der sagt: »Ich bin schwach«, und dann schwach bleibt. Wenn man so etwas weiß, warum tut man dann nicht etwas dagegen, warum stärkt man seinen Charakter nicht? Die Antwort war: »Weil es so viel leichter ist!« Diese Antwort hat mich ein wenig missmutig werden lassen. Leicht? Bedeutet ein faules und betrügerisches Leben, dass es auch ein leichtes Leben ist? Oh nein, das kann nicht wahr sein, es darf nicht sein, dass »leicht« und … Geld jemanden so schnell verführen können. Ich habe lange darüber nachgedacht, was ich darauf antworten, wie ich Peter dazu bringen soll, an sich selbst zu glauben und sich vor allem selbst zu verbessern; ob ich damit richtig liege, weiß ich nicht.

Ich habe mir so oft vorgestellt, wie schön es wäre, wenn mir jemand sein Vertrauen schenken würde, aber nun, wo es so weit ist, sehe ich erst, wie schwierig es ist, immer mit den Gedanken dieses anderen zu denken und dann *die*

Antwort zu finden. Vor allem, weil dieses »leicht« und diese Vorstellung von »Geld« für mich vollkommen fremd und neu sind. Peter fängt an, sich ein bisschen auf mich zu stützen, und das darf unter keinen Umständen passieren. Es ist schwierig, im Leben auf eigenen Beinen zu stehen, aber noch schwieriger, in Charakter und Seele allein zu stehen und trotzdem standhaft zu bleiben.

Ich irre ein wenig herum, suche schon seit Tagen, suche nach einem erfolgreichen, wirksamen Mittel gegen dieses schreckliche Wort »leicht«.

Wie kann ich ihm klarmachen, dass ihn etwas, was so leicht und schön scheint, in die Tiefe ziehen wird, in die Tiefe, wo es keine Freunde, keine Stütze und nichts Schönes mehr gibt, in die Tiefe, aus der aufzustehen beinahe unmöglich ist?

Wir leben alle, aber wir wissen nicht, warum und wofür, wir leben alle mit dem Ziel, glücklich zu werden, wir leben alle auf unterschiedliche Weise und doch gleich. Wir drei sind in guter Gesellschaft großgezogen worden, wir können lernen, haben die Möglichkeit, etwas zu erreichen; wir haben gute Gründe, auf ein schönes, glückliches Leben zu hoffen, aber … wir müssen es uns selbst verdienen. Und das lässt sich nie »leicht« erreichen; Glück zu verdienen heißt, dafür zu arbeiten und Gutes zu tun, und nicht, zu spekulieren und faul zu sein. Faulheit mag anziehend *erscheinen*, Arbeit *schenkt* Befriedigung.

Leute, die nicht gern arbeiten, kann ich nicht verstehen; aber das ist bei Peter auch nicht der Fall; er hat kein festes Ziel vor Augen, hält sich selbst für zu dumm und zu unbedeutend, um etwas leisten zu können. Armer Junge, er hat noch nie das Gefühl gehabt, andere glücklich zu machen, und das kann ich ihm auch nicht beibringen. Er hat keinen Glauben, spottet über Jesus Christus, flucht mit dem Namen Gottes; und obwohl ich auch nicht orthodox bin, tut es mir jedes Mal weh, wenn ich merke, wie verlassen, wie voller Verachtung, wie arm er ist. Menschen, die einen Glauben haben, können froh sein, denn es ist nicht jedem gegeben, an übernatürliche Dinge zu glauben. Es ist nicht einmal nötig, sich vor Strafen nach dem Tod zu fürchten; Fegefeuer, Hölle und Himmel sind Dinge, die viele nicht akzeptieren können; und doch hält ein solcher Glaube, welcher, ist dabei egal, den Menschen auf dem guten Weg. Es ist keine Angst vor Gott, sondern das Hochhalten der eigenen Ehre und des Gewissens. Wie schön und gut wären alle Menschen, wenn man sich jeden Abend vor dem Einschlafen die Ereignisse des Tages vor Augen hielte und dann sorgfältig beurteilen würde, was am eigenen Verhalten gut und was schlecht war. Dann versucht man unwillkürlich jeden Tag wieder von Neuem, sich zu bessern, und es kann sehr gut sein, dass man dann nach einiger Zeit eine ganze Menge erreicht. Dieses Mittel kann jeder anwenden, es kostet nichts und ist ohne Zweifel sehr nützlich. Denn wer es nicht weiß, muss es lernen und erfahren: »Ein ruhiges Gewissen macht stark!«

Deine Anne M. Frank

Samstag, 15. Juli 1944 [a]

Liebe Kitty,

wir hatten aus der Bibliothek ein Buch mit dem provokanten Titel »Wie finden Sie das moderne junge Mädchen?«. Über dieses Thema will ich heute gern schreiben.

Die Verfasserin kritisiert »die Jugend von heute« von Kopf bis Fuß, ohne jedoch alles, was jung ist, ganz als zu nichts Gutem imstande abzulehnen. Im Gegenteil, sie ist vielmehr der Meinung, dass die jungen Leute, wenn sie es denn wollten, eine große, schöne und bessere Welt aufbauen könnten, dass sie die Mittel dazu haben, sich aber mit oberflächlichen Dingen befassen, ohne dem wahrhaft Schönen einen Blick zu gönnen.

Bei einigen Abschnitten hatte ich das starke Gefühl, dass die Verfasserin mit ihrer Kritik mich meint, und darum will ich mich dir nun endlich einmal ganz öffnen und mich gegen diesen Angriff verteidigen.

Ich habe einen stark hervortretenden Charakterzug, der jedem, der mich länger kennt, auffallen muss, und zwar ist das meine Selbsterkenntnis. Ich kann mich bei allem, was ich tue, betrachten, als wäre ich eine Fremde. Gar nicht voreingenommen oder mit einem Sack voller Entschuldigungen stehe ich dann dieser alltäglichen Anne gegenüber und schaue zu, was sie gut oder weniger gut macht. Dieses Selbstgefühl lässt mich nie los, und bei jedem Wort, das ich ausspreche, weiß ich sofort danach: Das hätte anders sein müssen, oder: Das ist gut so, wie es ist! Ich verurteile mich selbst in so unzählig vielen Dingen und begreife immer besser, wie recht Vater mit seinem Ausspruch »Jedes Kind muss sich selbst erziehen« hatte. Eltern können nur Ratschläge oder sinnvolle Anweisungen mitgeben, die letztendliche Entwicklung des Charakters liegt in der Hand jedes Einzelnen. Dazu kommt noch, dass ich außergewöhnlich viel Lebensmut habe; ich fühle mich immer so stark und imstande, so viel zu ertragen, so frei und so jung! Als ich das zum ersten Mal bemerkte, war ich froh, denn ich glaube nicht, dass ich mich schnell unter den Schlägen beugen werde, die jeder Mensch abbekommt.

Aber über diese Dinge habe ich schon so oft geschrieben; ich will jetzt kurz auf das Kapitel »Vater und Mutter verstehen mich nicht« eingehen. Meine Eltern haben mich immer sehr verwöhnt, waren lieb zu mir, verteidigten mich vor denen oben und haben alles getan, was Eltern nur tun können. Und doch habe ich mich lange so entsetzlich einsam gefühlt, ausgeschlossen, vernachlässigt, unverstanden. Vater versuchte alles, was nur möglich war, um meine Aufsässigkeit zu mildern, es gelang ihm nicht; ich selbst habe mich geheilt, indem ich mir das Falsche meines Tuns vorgehalten habe. Wie kommt es nun, dass Vater mich bei meinem Kampf nie unterstützt hat, er es völlig falsch angegangen ist, als er mir seine helfende Hand reichen wollte? Vater hat den falschen Weg gewählt, er hat immer mit mir gesprochen wie mit einem Kind, das schwierige Kinderzeiten durchmachen muss. Das klingt verrückt, denn niemand anders als Vater hat mir immer viel Vertrauen geschenkt und niemand anders als Vater hat mir das Gefühl gegeben, dass ich vernünftig bin. Aber eines hat er außer Acht gelassen, er hat nämlich nicht daran gedacht, dass mein Kampf darum, mich aus allem zu retten, für mich wichtiger war als alles andere. Ich wollte nichts von altersbedingten Problemen, anderen Mädchen, geht von selbst vorbei hören, ich wollte nicht als Mädchen-wie-alle-anderen, sondern wie Anne-als-sie-selbst behandelt werden, und das hat Pim nicht begriffen. Übrigens kann ich niemandem mein Vertrauen schenken, der mir nicht auch sehr viel von sich selbst erzählt, und weil ich von Pim nichts weiß, kann ich zwischen uns keine intimen Geständnisse zulassen. Pim nimmt immer den Standpunkt des älteren Vaters ein, der durchaus auch selbst einmal solche vorübergehenden Neigungen gehabt hat, aber der nicht mehr mit mir als Freund der Jugend mitleben kann, so eifrig er das auch versucht. Dadurch ist es dazu gekommen, dass ich meine Ansichten über das Leben und meine gut durchdachten Theorien niemand anderem mehr mitteile als meinem Tagebuch und manchmal Margot. Vor Vater habe ich alles verborgen, was mich berührt hat, habe nie meine Ideale mit ihm geteilt, habe ihn mir wissentlich und mit Absicht entfremdet.

Ich konnte nicht anders, ich habe ganz nach meinem Gefühl gehandelt, ich habe mich egoistisch verhalten, aber ich habe gehandelt, wie es für meinen Seelenfrieden gut war. Denn meine Ruhe und mein Selbstvertrauen, die ich mir so mühevoll aufgebaut habe, würde ich wieder ganz verlieren, wenn ich nun Kritik an meiner halbvollendeten Arbeit würde durchstehen müssen. Und das kann ich selbst Pim nicht zugestehen, so hart das auch klingen mag, denn nicht nur habe ich Pim in keiner Weise an meinem inneren Leben teilhaben lassen, ich stoße ihn durch meine Reizbarkeit oft noch weiter von mir weg.

Das ist ein Punkt, über den ich oft nachdenken muss: Wie kommt es, dass Pim mich manchmal so ärgerlich werden lässt? Dass ich beinahe nicht mit ihm lernen kann, dass seine vielen Liebkosungen mir gekünstelt erscheinen, dass ich meine Ruhe haben will und es mir am liebsten wäre, wenn er mich ein bisschen links liegen lassen würde, bis ich ihm wieder sicher gegenüberstehe! Denn noch immer nagt der Verweis an mir, den dieser gemeine Brief verursacht hat, den ich ihm in meiner Aufgeregtheit an den Kopf zu werfen gewagt habe. Oh, wie schwierig ist es, wirklich nach allen Seiten hin stark und mutig zu sein!

Und doch ist es nicht das, was mir die ärgste Enttäuschung bereitet hat; nein, noch viel mehr als über Vater grüble ich über Peter. Ich weiß sehr gut, dass ich ihn erobert habe und nicht umgekehrt, ich habe mir ein Traumbild von ihm geschaffen, ihn als den stillen, empfindsamen, lieben Jungen gesehen, der Liebe und Freundschaft so nötig hat! Ich musste mich einmal bei einem lebenden Menschen aussprechen, ich wollte einen Freund haben, der mir wieder auf den richtigen Weg zurückhalf, ich habe die mühsame Arbeit vollbracht und habe ihn langsam, aber sicher dazu gebracht, sich mir zuzuwenden.

Als ich ihn schließlich so weit hatte, freundschaftliche Gefühle für mich zu empfinden, kam es zwischen uns wie von selbst zu Intimitäten, die mir nun bei genauerem Hinsehen unerhört scheinen. Wir haben über die geheimsten Dinge gesprochen, aber über die Dinge, von denen mein Herz voll war und ist, haben wir bis jetzt geschwiegen. Peter ist mir immer noch ein Rätsel, ist er oberflächlich, oder ist es Verlegenheit, die ihn selbst mir gegenüber zurückhält? Aber davon abgesehen habe ich einen schlimmen Fehler begangen, indem ich alle anderen Möglichkeiten der Freundschaft ausgeschlossen und mich ihm durch Intimitäten genähert habe. Er sehnt sich nach Liebe und mag mich mit jedem Tag lieber, das merke ich sehr gut. Ihm geben unsere Begegnungen Befriedigung, bei mir wecken sie nur das Bedürfnis, es immer wieder von Neuem mit ihm zu probieren und nie die Themen anzusprechen, die ich so gerne ans Licht bringen würde. Ich habe Peter, mehr als er es selbst weiß, mit Gewalt zu mir hingezogen; jetzt hält er sich an mir fest, und ich sehe vorläufig noch keine wirksame Methode, ihn wieder von mir loszumachen, damit er auf eigenen Beinen steht. Als ich nämlich schon bald bemerkte, dass er mir kein Freund würde sein können, wie ich es gerne hätte, habe ich versucht, ihm wenigstens aus seiner Engstirnigkeit zu helfen und ihn groß zu machen in seiner Jugend.

»Denn in ihrem tiefsten Inneren ist die Jugend einsamer als das Alter.« Diese Worte habe ich einmal in irgendeinem Buch gelesen, und ich denke, dass sie der Wahrheit entsprechen.

Stimmt es denn wirklich, dass die Erwachsenen es hier schwerer haben als die Jugendlichen? Nein, das ist sicher nicht wahr. Ältere Menschen haben zu allem eine Meinung und sind nicht mehr unsicher in dem, was sie tun, wenn sie durchs Leben gehen. Wir Jüngeren haben es doppelt schwer, in einer Zeit mit unseren Überzeugungen umzugehen, in der jeglicher Idealismus vernichtet und niedergemacht wird, in der die Menschen sich von ihrer hässlichsten Seite zeigen, in der an der Wahrheit, am Recht und an Gott gezweifelt wird.

Jemand, der dann noch behauptet, dass die Erwachsenen es hier im Hinterhaus viel schwerer haben, ist sich also sicher nicht bewusst, in wie viel größerem Umfang diese Probleme auf uns einstürmen, die Probleme, für die wir vielleicht noch viel zu jung sind, aber die sich uns doch so lange aufdrängen, bis wir nach langer Zeit eine Lösung gefunden zu haben glauben, eine Lösung, die sich als nutzlos gegenüber den Waffen herausstellt, die sie dann wieder zerstören. Das ist das Schwierige in dieser Zeit: Ideale, Träume, optimistische Erwartungen lassen sich noch nicht in die Tat umsetzen oder stoßen mit der äußerst schrecklichen Wirklichkeit zusammen und werden so total zunichtegemacht. Es ist ein großes Wunder, dass ich nicht all meine Erwartungen aufgegeben habe, denn sie scheinen absurd und unausführbar. Dennoch halte ich an ihnen fest, trotz allem, weil ich noch immer daran glaube, dass die Menschen in ihrem Inneren gut sind.

Es ist mir nun einmal unmöglich, alles auf der Grundlage von Tod, Elend und Verwirrung aufzubauen. Ich sehe, wie die Welt langsam immer mehr in eine Wüste verwandelt wird, ich höre immer lauter den heranrollenden Donner, der auch uns töten wird, ich fühle das Leid von Millionen Menschen mit, und doch denke ich, wenn ich meinen Blick gen Himmel richte, dass sich alles wieder zum Guten wenden wird, dass auch diese harte Existenz ein Ende finden wird, dass wieder Ruhe und Frieden in die Weltordnung kommen werden. Bis dahin muss ich dafür sorgen, dass meine Ideale in Sicherheit sind; in den Zeiten, die kommen werden, lassen sie sich vielleicht doch noch ausführen!

Deine Anne M. Frank

Freitag, 21. Juli 1944 [a]

Liebe Kitty,

nun werde ich hoffnungsvoll, nun endlich geht es gut. Ja wirklich, es geht gut! Großartige Nachrichten! Es wurde ein Mordanschlag auf Hitler verübt, und zwar einmal nicht von jüdischen Kommunisten oder englischen Kapitalisten, sondern von einem durch und durch germanischen deutschen General, der ein Graf und darüber hinaus auch noch jung ist. Die göttliche Vorsehung hat dem Führer das Leben gerettet, und er ist leider mit ein paar Schrammen und einigen Brandwunden davongekommen. Ein paar Offiziere und Generäle aus seiner nächsten Umgebung sind tot oder verwundet. Der Haupttäter wurde erschossen.

Das ist doch wohl der beste Beweis dafür, dass es viele Offiziere und Generäle gibt, die den Krieg satthaben und es gern sehen würden, wenn Hitler in die tiefsten Gewölbe versinken würde, damit sie dann eine Militärdiktatur errichten, dadurch Frieden mit den Alliierten schließen, sich erneut bewaffnen und nach einigen Jahren wieder mit dem Krieg beginnen können. Vielleicht hat die Vorsehung ja mit Absicht noch ein bisschen damit gezögert, ihn aus dem Weg zu räumen, denn es ist für die Alliierten viel einfacher und auch vorteilhafter, wenn die untadeligen Germanen sich gegenseitig totschlagen – umso weniger bleibt für die Russen und Engländer zu tun, und umso schneller können sie mit dem Wiederaufbau ihrer eigenen Städte beginnen.

Aber so weit sind wir noch nicht, ich will nichts weniger, als den glorreichen Tatsachen vorauszueilen. Und doch merkst du sehr gut, dass das, was ich sage, die Wahrheit und nichts als die Wahrheit enthält; ausnahmsweise einmal schwadroniere ich nicht über hohe Ideale.

Hitler ist außerdem noch so freundlich gewesen, seinem ihm treu ergebenen Volk mitzuteilen, dass alle Militärs von heute an der Gestapo zu gehorchen haben und dass jeder Mann oder jeder Soldat, der weiß, dass sein Befehlshaber an diesem feigen und unwürdigen Attentat beteiligt gewesen ist, ihn ohne weiteres erschießen darf!

Das kann ja heiter werden. Dem gemeinen Soldaten tun vom langen Laufen die Füße weh, sein Vorgesetzter, der Offizier, staucht ihn zusammen. Der Soldat greift zum Gewehr, ruft: »Du wolltest den Führer ermorden, da hast du deinen Lohn!« Ein Knall, und der hochmütige Vorgesetzte, der es wagt, den Soldaten zusammenzustauchen, ist in das ewige Leben (oder ist es der ewige Tod?) eingegangen! Irgendwann wird es dann so aussehen, dass die Herren Offiziere sich in die Hosen machen vor Angst, wenn sie einem Soldaten begegnen oder irgendwo das Kommando übernehmen müssen, weil die Soldaten mehr zu sagen haben und mehr dürfen als sie selbst.

Begreifst du ein bisschen, was ich sagen möchte, oder bin ich wieder von einem Thema zum anderen gesprungen? Ich kann nichts dafür, bin viel zu fröhlich, um logisch zu sein; das liegt an der Hoffnung, dass ich im Oktober vielleicht schon wieder auf der Schulbank sitze! Oh, là là, habe ich nicht gerade noch gesagt, dass ich nicht voreilig sein will? Verzeih mir, ich habe nicht umsonst den Ruf, ein Bündelchen Widerspruch zu sein!

Deine Anne M. Frank

Dienstag, 1. August 1944 [a]

Liebe Kitty,
»ein Bündelchen Widerspruch« ist der letzte Satz meines vorherigen Briefes und der erste meines heutigen. »Ein Bündelchen Widerspruch«, kannst du mir genau erklären, was das ist? Was bedeutet Widerspruch? Wie so viele Wörter kann man es auf zwei verschiedene Arten interpretieren, es hat zwei Bedeutungen, Widerspruch von außen

und Widerspruch von innen. Das Erste ist das Gewöhnliche, dass man sich nicht mit der Meinung anderer zufriedengibt, es selbst besser weiß, das letzte Wort hat, also alles unangenehme Eigenschaften, für die ich bekannt bin; für das Zweite bin ich nicht bekannt, es ist ein Geheimnis, das nur mir gehört.

Ich habe dir schon ein paarmal erzählt, dass meine Seele sozusagen zweigeteilt ist. Die eine Seite beherbergt meine ausgelassene Fröhlichkeit, die spöttischen Bemerkungen, die ich für alles übrig habe, meine Lebenslust und besonders das Wahrnehmen der leichten Seite aller Dinge. Darunter verstehe ich, dass ich nichts Schlimmes an Flirtereien finde, an einem Kuss, einer Umarmung, einem unanständigen Witz. Diese Seite liegt meist auf der Lauer und verdrängt die andere, die viel schöner, reiner und tiefer ist. Nicht wahr, die schöne Seite von Anne, die kennt niemand, und darum können mich auch so wenige Menschen leiden. Sicher, ich bin ein amüsanter Clown für einen Nachmittag; dann hat jeder wieder für einen Monat genug von mir. Eigentlich genau dasselbe, was ein Liebesfilm für Menschen ist, die viel nachdenken: ganz einfach eine Ablenkung, eine Ausnahme zum Entspannen, etwas, was man schnell wieder vergisst, nicht schlecht, aber noch weniger gut. Es ist sehr unangenehm für mich, dir das erzählen zu müssen, aber warum sollte ich das nicht tun, wenn ich doch weiß, dass es die Wahrheit ist? Meine leichtere, oberflächliche Seite wird immer schneller sein als die tiefere und darum immer den Sieg davontragen. Du kannst dir nicht vorstellen, wie oft ich schon versucht habe, diese Anne, die nur die Hälfte von allem ausmacht, was Anne heißt, wegzuschieben, umzukrempeln, zu verbergen; es geht nicht, und ich weiß auch, warum es nicht geht.

Ich habe große Angst davor, dass alle, die mich so kennen, wie ich bin, entdecken, dass ich eine andere Seite habe, eine schönere und bessere. Ich habe Angst, dass sie mich verspotten, mich lächerlich, sentimental finden, mich nicht ernst nehmen. Ich bin daran gewöhnt, nicht ernst genommen zu werden, aber nur die leichte Anne ist daran gewöhnt und kann es aushalten, die schwerere ist dafür zu schwach. Wenn ich wirklich einmal eine Viertelstunde lang mit Gewalt die gute Anne ans Licht gezerrt habe, zieht sie sich wie ein Kräutlein Rühr-mich-nicht-an zusammen, sobald sie sprechen muss, lässt Anne Nummer eins das Wort übernehmen und ist wieder verschwunden, bevor ich es richtig merke.

In Gesellschaft ist die liebe Anne deshalb noch nie, noch nicht ein einziges Mal zum Vorschein gekommen, aber wenn ich allein bin, hat sie fast immer die Oberhand. Ich weiß sehr genau, wie ich gern sein würde, wie ich auch bin ... von innen, aber leider bin ich es nur vor mir selbst. Und das ist vielleicht, nein, ganz sicher der Grund, warum ich mich selbst eine glückliche innere Natur nenne und andere Menschen finden, dass ich eine glückliche Außennatur habe. Von innen zeigt die reine Anne mir den Weg, von außen bin ich nichts als ein Geißlein, das sich ausgelassen losreißt.

Wie schon gesagt, ich fühle alles anders, als ich es ausspreche, und dadurch habe ich den Ruf von einem Mädchen bekommen, das Jungen nachläuft, flirtet, alles besser weiß und Romane liest. Die fröhliche Anne lacht darüber, gibt eine freche Antwort, zuckt gleichgültig mit den Schultern, tut, als ob es ihr nichts ausmacht, aber oh nein, die stille Anne reagiert genau umgekehrt. Wenn ich ganz ehrlich bin, will ich dir gern bekennen, dass es mir sehr wohl etwas ausmacht, dass ich mir unglaublich viel Mühe gebe, mich zu ändern, aber dass ich immer wieder gegen Gegner kämpfen muss, die stärker sind als ich.

Es schluchzt in mir: »Siehst du, das hast du erreicht, man denkt schlecht über dich, um dich herum spöttische und verstörte Gesichter, Leute, die du triffst, die dich unsympathisch finden, und das alles nur, weil du nicht auf die guten Ratschläge deiner eigenen guten Hälfte hörst. Ach, ich würde so gern darauf hören, aber es geht nicht; wenn ich still und ernst bin, denken alle, dass es eine neue Komödie ist, und dann muss ich mich mit einem Scherz aus der Situation retten. Von meiner eigenen Familie will ich gar nicht sprechen; die denkt sicher, dass ich krank bin, lässt mich Kopfschmerztabletten und Beruhigungspillen schlucken, fühlt mir an Hals und Stirn, ob ich vielleicht Fieber habe, fragt nach meiner Verdauung und kritisiert mich für meine schlechte Laune. Das halte ich nicht aus; wenn mir so viel Aufmerksamkeit zuteilwird, werde ich erst patzig, dann traurig, und zum Schluss drehe ich mein Herz wieder um, wende das Schlechte nach außen, das Gute nach innen und suche immer weiter nach einem Weg, um zu werden, wie ich so gern wäre und wie ich sein könnte, wenn … keine anderen Menschen auf der Welt lebten.

Deine Anne M. Frank

Zu dieser Ausgabe

Die Übersetzung der Tagebücher beruht auf der kritischen Ausgabe:

> Rijksinstituut voor Oorlogsdocumentatie: De Dagboeken van Anne Frank. Ingeleid door Harry Paape, Gerrold van der Stroom en David Barnouw. Met de samenvatting van het rapport van het Gerechtelijk Laboratorium, opgesteld door Ir. H.J.J. Hardy. Tekstverzorging door David Barnouw en Gerrold van der Stroom. 's-Gravenhage: Staatsuitgeverij; Amsterdam: Bert Bakker, 1986.

Die vorliegende Ausgabe enthält sowohl Ausschnitte aus Version a (den ursprünglichen, aber nicht vollständig überlieferten Tagebuchaufzeichnungen Anne Franks) als auch solche aus Version b (dem zwischen Mai und Anfang August 1944 von Anne Frank erstellten Romanmanuskript). Bei von Anne Frank verfassten »Ereignissen aus dem Hinterhaus«, die sie sowohl in Version b als auch in ihr »Geschichtenbuch« aufnahm, dient jeweils die in Version b präsentierte Fassung als Ausgangstext.

Die jeweilige Quelle ist dem Datum der Tagebucheintragungen in eckigen Klammern nachgestellt. In einigen Fällen wurden Texte mit demselben oder einem ähnlichen Datum, die in beiden Versionen erscheinen, hintereinandergestellt, um inhaltliche und stilistische Details der Überarbeitung durch Anne Frank nachvollziehbar zu machen (vgl. hier verschiedene Einträge aus den Monaten Juli und Oktober 1942 bzw. S. 19–30 und 40–42).

Zugunsten der besseren Lesbarkeit wurden die Datumsangaben vereinheitlicht; Gleiches gilt für die Schreibweise von Namen.

Kursiviert wurde zum einen, was Anne Frank durch Unterstreichungen hervorhob, zum anderen, was in der Vorlage auf Deutsch oder Englisch erscheint. Auslassungen wurden durch [...] gekennzeichnet.

Die Übersetzerin dankt Dr. Gerrold van der Stroom, Amsterdam, für die Beratung in vielen die vorliegende Ausgabe betreffenden Fragen sowie Gerhard Schroth, Niederhöchstadt, für die Lektüre der Übersetzung und weitere Anregungen. Dank auch an den Nederlands Letterenfonds für die mit dem Projekt verbundenen Arbeitsaufenthalte im Übersetzerhaus Amsterdam.

Anmerkungen

Aus den Tagebüchern

7,8 *Club:* Anne Frank meint hier den Club aus der niederländischen Mädchenromanserie *Joop ter Heul* von Cissy van Marxveldt (1889–1948), an deren Protagonistinnen sie 1942 einige Tagebuchbriefe richtete (vgl. S. 35, 38–41 in der vorliegenden Textauswahl).

9,1 *Jüdischen Lyzeum:* Mädchengymnasium; vgl. das Nachwort zur vorliegenden Ausgabe, S. 163.

11,3f. *Vollblut-Juden:* wörtliche Übersetzung des von Anne Frank verwendeten Begriffs.

11,17f. *Zuhausezeit:* Bezug auf die Ausgangssperre für Juden.

19,2 *Verstecken:* Anne Frank verwendet hier und im Folgenden das Wort »schuilen« (»verstecken«).

20,7 *zu melden hätte:* Am 4. und 5. Juli 1942 erfolgten die ersten tausend Aufrufe, vorwiegend an deutsche Juden, darunter einige im Alter zwischen fünfzehn und achtzehn Jahren (vgl. *Tagebücher* 1988, S. 248).

20,23 *kombineschen:* Anne Franks schriftliche Wiedergabe des englischen »combinations«.

29,26 *Lebensmittelmarken:* »Zur Rationierung von Mangelwaren konnten Konsumgüter neben der normalen Bezahlung nur gegen Vorlage entsprechender Marken erworben werden« (Siems 2003, S. 16).

30,15–18 *»Aber Margot, ... raussieht.«:* von Anne Frank in dieser Form im Tagebuch festgehalten. – »Aber Margot, man sieht, dass du keine Arbeit gewohnt bist, sonst hättest du gewusst, dass man einen Staubsauger nicht am Stecker rauszieht.«

35,9 *Loutje:* vgl. Anm. zu 7,8.

35,14 *Pim:* »Pim« wurde Otto Frank von seinen Töchtern genannt.

36,3 *gebracht:* Vom Durchgangslager Westerbork aus fanden Transporte in die osteuropäischen Konzentrations- und Vernichtungslager statt.

36,17 *Vergasung:* Ab Juni 1942 wies man in den englischen Medien auf die Vergasungen hin (vgl. *Tagebücher* 1988, S. 322).

36,30 *nach Deutschland:* zum Arbeitseinsatz (vgl. auch Siems 2003, S. 22).

37,18 *Grüne Polizei:* Deutsche Ordnungspolizei in den Niederlanden.

38,17 *P. S.:* Peter Schiff (vgl. den Eintrag vom 6. Januar 1944 auf S. 96–98 der vorliegenden Ausgabe).

39,4–6 *Onkel Erich ... Bruder von Erich:* Herbert, Paul und Erich Elias, Verwandte väterlicherseits.

39,18 f. *Goslars Baby ... da sein:* Gemeint ist die Familie von Hanneli Goslar.

41,9 *Tabeh:* Auf Wiedersehen.

41,15 *Minimax-Geräte:* Feuerlöscher der Firma Minimax, vermutlich die sog. Spritztüte, ein weltweit vertriebenes Produkt.

44,31 *gelukt:* Anne Frank gibt auf diese Weise die Mischung aus Deutsch und Niederländisch wieder, die Dr. Pfeffer sprach.

45,24 *Muntplein:* Platz im Zentrum Amsterdams.

51,5 *10. Dezember 1942:* Über die in diesem Eintrag beschriebenen Ereignisse verfasste Anne Frank zwei Texte für ihr »Geschichtenbuch«: »Wursttag« und »Der Zahnarzt«.

52,14 *Diakonissenheim:* Anne Frank bezieht sich hier auf eine Geschichte aus dem niederländischen Buch *Camera Obscura* (1839), das sie zu ihrem dreizehnten Geburtstag geschenkt bekommen hatte (vgl. van der Stroom 2001, S. 18).

55,9 *Führer aller Germanen:* Deutsch im Original.

56,1 *25. März 1943:* Unter dem Titel »Ist eingebrochen worden?« findet sich eine Version dieses Textes in Anne Franks »Geschichtenbuch«.

60,23 *Mansa:* Im Eintrag vom 12. Januar 1944 [b] (vgl. *Tagebücher* 1988, S. 524), der nicht in die vorliegende Auswahl aufgenommen wurde, erklärt Anne Frank, dass sie »Mans« und »Mansa« als Behelf verwendet, um zu ihrer Mutter »doch noch so etwas wie Mams« sagen zu können.

66,1 *29. Juli 1943:* Im »Geschichtenbuch« findet man über dieses Ereignis einen Text mit dem Titel »Anne in der Theorie«.

66,7 f. *Henri van de Overkant:* Es geht um den niederländischen Roman *Henri van de Overkant* (1936; »Henri von gegenüber«) von Marianne Philips, in dem der Leser die Hauptfigur durch deren Kindheit und Jugend begleitet.

68,8 *4. August 1943:* Unter dem Titel »Der Abend und die Nacht im Hinterhaus« findet sich ein vergleichbarer Eintrag im »Geschichtenbuch«.

71,24 *5. August 1943:* Unter dem Titel »Mittagspause« findet sich ein vergleichbarer Eintrag im »Geschichtenbuch«.

73,24 *Kaatje:* Im »Geschichtenbuch« findet sich ebenfalls ein Text mit diesem Titel.

75,13 *Artis:* Zoo von Amsterdam.

77,1 *9. August 1943:* Ein vergleichbarer Text mit dem Titel »Das Hinterhaus mit acht Personen am Tisch« findet sich im »Geschichtenbuch«.

81,23 *30. Oktober 1943:* Die in Version b vorgenommene Datierung dieses Tagebuchbriefes ist nicht ganz eindeutig (vgl. *Dagboeken* 2004, S. 219 f.).

86,22 *Merry:* Gemeint ist der Merwedeplein, also jener Platz, an dem die Familie Frank bis Juli 1942 wohnte.

90,4 *Hanneli:* Gemeint ist Anne Franks Freundin Hanneli Goslar.

90,17 f. *Sie hing ... wegnehmen:* Anne Frank verweist hier auf die Eifersucht, die sie gegenüber einer Freundin von Hanneli Goslar empfand (vgl. Lindwer 1990, S. 29, und Siems 2003, S. 36).

93,17 f. *das furchtbare Geheimnis:* eine Krebserkankung (vgl. Müller 2013, S. 187).

98,17 *Omi:* Gemeint ist Otto Franks Mutter.

99,15 f. *sechste Klasse der Grundschule:* Die Grundschule umfasst in den Niederlanden sechs Klassen.

109,8 f. *gestern Abend ... im Oranje-Sender darüber:* siehe S. 165 f. im Nachwort zur vorliegenden Ausgabe.

109,23 *IJmuiden:* Das Bombardement auf die Hafenanlagen war in Amsterdam deutlich zu hören (vgl. *Tagebücher* 1988, S. 658).

115,11 f. *van Maaren:* einer der Lagerarbeiter.

115,28 *Schöne-Sätze-Buch:* vgl. Nachwort S. 165.

118,25 *ihre Zweifel:* vgl. S. 131 f.

125,7 *NSB:* die Nationalsozialistische Bewegung in den Niederlanden.

126,26 f. *»unübersehbarer Schade, ... nie zu ergänzen«:* in dieser Form von Anne Frank festgehalten.

132,5 *van Hoeven:* der Gemüsehändler.

133,7 *Einbruch:* An Ostern 1944 drang die Polizei nach einem Einbruch ins Gebäude bis an das drehbare Bücherregal vor (vgl. 11. April 1944 [a], *Tagebücher* 1988, S. 675 und 678).

Literaturhinweise

Abgesehen von den niederländischen Ausgaben der von Anne Frank verfassten Texte und der im Nachwort zitierten Literatur wurden hier nur deutschsprachige Texte bzw. Übersetzungen ins Deutsche aufgenommen.

Ausgaben der von Anne Frank verfassten oder zusammengetragenen Texte (Auswahl)

Het Achterhuis. Dagboekbrieven van 14 juni 1942 – 1 augustus 1944. Amsterdam: Contact, 1947.

Das Tagebuch der Anne Frank. 14. Juni 1942 – 1. August 1944. Mit einer Einführung von Marie Baum. Aus dem Holländ. von Anneliese Schütz. Heidelberg: Lambert Schneider, 1950.

De Dagboeken van Anne Frank. Ingeleid door Harry Paape, Gerrold van der Stroom en David Barnouw. Met de samenvatting van het rapport van het Gerechtelijk Laboratorium, opgesteld door Ir. H. J. J. Hardy. Tekstverzorging door David Barnouw en Gerrold van der Stroom. 's-Gravenhage: Staatsuitgeverij; Amsterdam: Bert Bakker, 1986.

Die Tagebücher der Anne Frank. Hrsg. vom Rijksinstituut voor Oorlogsdocumentatie (Niederländisches Staatliches Institut für Kriegsdokumentation). Einführung von Harry Paape, Gerrold van der Stroom und David Barnouw. Mit einer Zusammenfassung des Berichts des Gerechtelijk Laboratorium »Gerichtslaboratorium des Justizministeriums«, verfaßt von Dipl.-Ing. H. J. J. Hardy. Editorische Gestaltung der Tagebuchtexte von David Barnouw und Gerrold van der Stroom. Aus dem Niederl. von Mirjam Pressler. Frankfurt a. M.: S. Fischer, 1988. [Zit. als: *Tagebücher* 1988.]

Het Achterhuis. Dagboekbrieven 12 juni 1942 – 1 augustus 1944. Otto H. Frank en Mirjam Pressler. Amsterdam: Bert Bakker, 1991.

Tagebuch. Fassung von Otto H. Frank und Mirjam Pressler. Aus dem Niederl. von Mirjam Pressler. Frankfurt a. M.: S. Fischer, 1991.

Tagebuch. Fassung von Otto H. Frank und Mirjam Pressler. Ergänzte Ausgabe. Aus dem Niederl. von Mirjam Pressler. Frankfurt a. M.: S. Fischer, 2001.
Verhaaltjes, en gebeurtenissen uit het Achterhuis / Cady's leven. Tekstverzorging en inleiding door Gerrold van der Stroom. Amsterdam: Bert Bakker, 2001.
Mooie-zinnenboek. Tekstverzorging en inleiding door Gerrold van der Stroom. Met een woord vooraf van Jessica Durlacher. Amsterdam: Bert Bakker, 2004.
Gesamtausgabe. Tagebücher – Geschichten und Ereignisse aus dem Hinterhaus – Erzählungen – Briefe – Fotos und Dokumente. Hrsg. vom Anne Frank Fonds, Basel. Aus dem Niederl. von Mirjam Pressler. Mit Beiträgen von Gerhard Hirschfeld, Mirjam Pressler und Francine Prose. Frankfurt a. M.: S. Fischer, 2013. [Die niederl. Ausgabe erschien ebenfalls 2013.]

Biographien und biographische Zeugnisse

Gies, Miep / Gold, Alison Leslie: Meine Zeit mit Anne Frank. Der Bericht jener Frau, die Anne Frank und ihre Familie in ihrem Versteck versorgte, sie lange Zeit vor der Deportation bewahrte – und sie doch nicht retten konnte. Aus dem Amerik. von Liselotte Julius. München 1987.
Heyl, Matthias: Anne Frank. Reinbek b. Hamburg 2002.
Lee, Carol Ann: Anne Frank. Die Biographie. Aus dem Engl. von Bernd Rullkötter und Ursel Schäfer. Vorw. von Buddy Elias. München 2002.
– Otto Franks Geheimnis. Der Vater von Anne Frank und sein verborgenes Leben. Aus dem Niederl. von Helmut Dierlamm und Renate Weitbrecht. München/Zürich 2005.
Lindwer, Willy: Anne Frank. Die letzten sieben Monate. Augenzeuginnen berichten. Aus dem Niederl. von M. Pressler. Frankfurt a. M. 1990.
Müller, Melissa: Das Mädchen Anne Frank. Die Biographie. Nachw. von Miep Gies. München 1998. [Neuausg. München 2013.]

Pressler, Mirjam: Ich sehne mich so. Die Lebensgeschichte der Anne Frank. Weinheim/Basel 1992.
Schnabel, Ernst: Anne Frank. Spur eines Kindes. Ein Bericht. Überarb. Neuausg. Frankfurt a. M. 1997 [Zuerst 1958.]

Sonstige Literatur

Barnouw, David: Die Niederlande im Zweiten Weltkrieg. Eine Einführung. Aus dem Niederl. von Simone Schroth. Münster 2010.
– Das Phänomen Anne Frank. Aus dem Niederl. von Simone Schroth. Essen 2015.
– / van der Stroom, Gerrold: Wer verriet Anne Frank? Aus dem Niederl. von Simone Schroth. Münster 2005.
Nussbaum, Laureen: Die Schriftstellerin Anne Frank. In: »Für ein Kind war das anders.« Traumatische Erfahrungen jüdischer Kinder und Jugendlicher im nationalsozialistischen Deutschland. Hrsg. von Barbara Bauer und Waltraut Strickhausen. Berlin 1999. S. 301–314.
Schroth, Simone: Das Tagebuch / The Diary / Le Journal. Anne Franks »Het Achterhuis« als Gegenstand eines kritischen Übersetzungsvergleichs. Münster 2006.
Siems, Marion: Anne Frank. Tagebuch. Erläuterungen und Dokumente. Stuttgart 2003.

Verfilmungen (Auswahl)

Meine Tochter Anne Frank. Buch: Hannah und Raymond Ley. Regie: Raymond Ley. Deutschland 2014. Erstausstrahlung: 18. Februar 2015, ARD.
Das Tagebuch der Anne Frank. Kinofilm. Buch: Fred Breinersdorfer. Regie: Hans Steinbichler.

Webseiten

http://www.annefrank.org [Homepage der Anne Frank Stiftung, Amsterdam.]

http://www.annefrank.ch [Homepage des Anne Frank Fonds, Basel.]

Nachwort

Anne Frank, das jüdische Mädchen aus Frankfurt am Main, das 1944 in ihrem Versteck mit ihrer Familie verraten wurde (bis heute weiß man nicht, wer dies getan hat) und wenige Wochen vor der Befreiung des Konzentrationslagers Bergen-Belsen am Flecktyphus starb, ist weltberühmt. Das sogenannte »Hinterhaus« an der Amsterdamer Prinsengracht 263, in dem sich die am 12. Juni 1929 geborene Anne Frank zusammen mit ihren Eltern, ihrer älteren Schwester Margot und vier weiteren aus Deutschland geflüchteten Juden (Hermann, Auguste und Peter van Pels und Dr. Friedrich Pfeffer) gut zwei Jahre lang vor der Verfolgung durch die Nationalsozialisten verbergen konnte, ist seit Anfang der sechziger Jahre als Museum zugänglich, mit oft mehr als einer Million Besuchern jährlich. Zehn Jahre nach Kriegsende dienten Teile ihrer Geschichte als Grundlage für ein amerikanisches Theaterstück, das am Broadway Erfolge feierte und auf dem wiederum ein Hollywoodfilm basiert. Seitdem sind weitere Dramenfassungen entstanden, für deren aktuellste, *ANNE* von Jessica Durlacher und Leon de Winter, in Amsterdam ein eigenes Theater erbaut wurde. Nach britischen und amerikanischen Mini-Serien erschien mit einer im Februar 2015 ausgestrahlten ARD-Produktion eine erste deutsche Verfilmung (eine deutsche Kinoproduktion ist in Arbeit).

Anne Franks Status einer Stellvertreterin, eines ›Symbols‹ für die Opfer des Holocaust, stößt jedoch bis heute auch auf Kritik; zum einen, weil keine Einzelperson das Schicksal Millionen Ermordeter repräsentieren könne, zum anderen, weil die ›Botschaft‹ Anne Franks allzu oft auf die Aussage reduziert werde, sie glaube an »das Gute im Menschen«. Dass diese Worte – die z.B. in der amerikanischen Dramenfassung eine wichtige Rolle spielen – nur Teil eines Tagebucheintrages sind (vgl. hier S. 144), in dem optimistische Gedanken und Todesahnungen einander abwechseln, wird dabei häufig verschwiegen.

Es ist deshalb umso notwendiger, sich direkt den Quellen bzw. den von Anne Frank verfassten Texten zuzuwenden. So ist der Titel *Das Tagebuch der Anne Frank*, unter dem Generationen deutschsprachiger Leserinnen und Leser das niederländische *Het Achterhuis* (»Das Hinterhaus«) kennengelernt haben, nicht ganz zutreffend, da es das eine Tagebuch gar nicht gibt.

Eine kurze Biographie

Die vierköpfige Familie Frank emigrierte aus Frankfurt am Main nach Amsterdam, als Anne vier Jahre alt war.[1] Sie und ihre Schwester Margot verbrachten also den größten Teil ihrer Kindheit und Jugend in den Niederlanden. Doch auch dort bestimmten die politischen Ereignisse ihr Leben (vgl. S. 11):

> »Unser Leben verlief nicht ohne einige Aufregung, da die restliche Familie in Deutschland nicht von Hitlers Judengesetzen verschont blieb. 1938, nach den Pogromen,

1 Detaillierte biographische Angaben finden sich u.a. in Harry Paapes Beiträgen zur Einleitung zu den *Tagebüchern* (1988), Müller 1998 [Neuausg. 2013], Lee 2002 und Pressler 1992.

flüchteten meine beiden Onkel, Brüder von Mutter, und kamen sicher in Nordamerika an; meine alte Großmutter zog zu uns; sie war damals 73 Jahre alt. Nach Mai 1940 ging es bergab mit den guten Zeiten; erst der Krieg, die Kapitulation, der Einmarsch der Deutschen, und das Elend für uns Juden begann.«[2]

Wie alle jüdischen Kinder in den Niederlanden wurden auch Anne und Margot Frank ab Herbst 1941 von ihren nichtjüdischen Schulkameraden getrennt. Dem knappen Jahr am Jüdischen Lyzeum widmete Anne Frank im Sommer 1942 und auch später, während der Zeit im Versteck, mehrere autobiographische Texte, in denen sie ihre Schulzeit als unbeschwert und sich selbst als beliebtes Mädchen mit einem großen Freundes- und Bekanntenkreis beschreibt.[3]

Als Margot Frank im Juli 1942 einen Aufruf erhielt, sich bei den Behörden zu melden, setzten die Eltern einen über Monate vorbereiteten Plan in dieTat um: Die Familie tauchte im Hinterhaus der ehemaligen Firma des Vaters Otto Frank unter; eine Gruppe früherer Angestellter versorgte die Franks sowie vier weitere Personen 25 Monate lang mit dem Lebensnotwendigen. Während der Zeit im Versteck entdeckte Anne Frank das Schreiben für sich und hielt ihre Gedanken und täglichen Erlebnisse in Briefen an eine imaginäre Freundin namens »Kitty« sowie in weiteren Texten fest. Dabei ging es um Auseinandersetzungen innerhalb der Familie und zwischen den Versteckten und um ihre Be-

2 Die Großmutter verstarb im Januar 1942.

3 Diese finden sich in Anne Franks »Geschichtenbuch«.

ziehung zu dem damals siebzehnjährigen Peter van Pels, vor allem aber um ihre Ängste und Hoffnungen. Ihre Zukunftspläne waren eng mit ihrer Leidenschaft für das Schreiben verknüpft (vgl. S. 112):

> »Niemand, der nicht schreibt, weiß, wie fantastisch Schreiben ist; früher tat es mir immer leid, dass ich überhaupt nicht zeichnen konnte, aber nun bin ich überglücklich, dass ich zumindest schreiben kann. Und wenn ich kein Talent habe, um für Zeitungen oder Bücher zu schreiben, nun, dann kann ich immer noch für mich selbst schreiben. [...] Mit dem Schreiben werde ich alles los, meine Traurigkeit verschwindet, mein Mut lebt wieder auf! Aber, und das ist die große Frage, werde ich überhaupt jemals etwas Bedeutendes schreiben können, werde ich jemals Journalistin und Schriftstellerin werden? Ich hoffe es, oh, ich hoffe es so sehr, denn beim Schreiben kann ich alles festhalten – meine Gedanken, meine Ideale und meine Vorstellungen.«

Im August 1944 wurden die acht Versteckten verraten und zwei ihrer Helfer verhaftet; nur die Helfer und Otto Frank sollten das Kriegsende erleben. Über das Durchgangslager Westerbork wurde Anne Frank nach Auschwitz und von dort aus gemeinsam mit ihrer Schwester nach Bergen-Belsen deportiert, wo beide im Frühjahr 1945 einer Flecktyphus-Epidemie zum Opfer fielen.

»Roman vom Hinterhaus«

Zu ihrem 13. Geburtstag im Juni 1942 erhielt Anne Frank ein Poesiealbum mit rotkariertem Umschlag, das sie als Tagebuch benutzte. Als sie einen knappen Monat später mit ihren Eltern und ihrer Schwester ins Versteck an der Prinsengracht fliehen musste, nahm sie das Album mit und führte ihre Aufzeichnungen weiter. Darüber hinaus hielt sie ab September 1943 Szenen aus dem täglichen Leben im Hinterhaus in ihrem »Geschichtenbuch« fest, in dem sich außerdem eigene fiktive Texte wie Märchen finden. Außerdem legte sie in ihrem »Schöne-Sätze-Buch« eine Zitatensammlung an. Ihre Begeisterung für das Schreiben hatte sie am 5. April 1944 ihrem Tagebuch anvertraut (vgl. hier S. 111–113). Nur wenige Tage zuvor, am 29. März, hatte eine Radiosendung aus London ihr den Impuls dazu gegeben, aus diesen Plänen ein konkretes Projekt zu entwickeln (vgl. S. 109):

> »[G]estern Abend sprach Minister Bolkesteyn im Oranje-Sender darüber, dass nach dem Krieg eine Sammlung von Tagebüchern und Briefen aus diesem Krieg abgehalten werden soll. Natürlich stürmten sie alle direkt auf mein Tagebuch los. Stell dir mal vor, wie interessant es wäre, wenn ich einen Roman vom Hinterhaus herausgeben würde.«

Sie verwendete ihre privaten Tagebuchaufzeichnungen als Grundlage für einen Briefroman über ihr Leben im Versteck. An »Kitty« hatte sie schon vor der alles verändernden Radioansprache des niederländischen Kultusministers aus

Prinsengracht mit Vorder- und Hinterhaus (1946)

dem Londoner Exil den größten Teil ihrer Gedanken gerichtet. Ihr hielt sie bis zum Schluss die Treue, und »Kitty« wurde auch zur Adressatin der für eine Publikation bestimmten Briefe.

Der letzte dieser Texte ist ebenfalls auf den 29. März 1944 datiert. Man kann also davon ausgehen, dass Frank mit dem Verfassen ihres »Romans vom Hinterhaus« bis zu diesem Tag gekommen war, als die acht Versteckten am 4. August 1944 verraten und verhaftet wurden. Gleichzeitig hatte sie auch ihr Tagebuch weitergeführt.

Der handschriftliche Nachlass

Dass die Aufzeichnungen zum größten Teil erhalten geblieben sind, ist vor allem dem Einsatz der Helferinnen Miep Gies und Bep Voskuijl zu verdanken: Beim Zugriff auf das Hinterhaus benötigte man ein Behältnis, um Geld und Wertgegenstände fortschaffen zu können. Daher wurde die Aktentasche, in der die Fünfzehnjährige ihre Niederschriften aufbewahrt hatte, ausgeleert. Als Gies und Voskuijl Stunden später das leere Versteck betraten, sammelten sie die über den Boden verstreuten Hefte und Blätter auf, und Gies schloss sie in einer Schreibtischschublade ein.

Im August 1945 erfuhr Annes Vater Otto Frank, der nach der Befreiung von Auschwitz nach Amsterdam zurückgekehrt war, dass seine beiden Töchter wenige Monate zuvor im Konzentrationslager Bergen-Belsen umgekommen waren. Gies händigte Frank die geretteten Papiere aus. Diese umfassen Tagebuchaufzeichnungen, die von Anne Frank überarbeitete Fassung, ihre Märchen und Geschichten, das Romanfragment »Cadys Leben« sowie das »Schöne-Sätze-Buch«.

Die verschiedenen Textversionen

Wie sich herausstellen sollte, ist das von Anne Frank zwischen Mai und Anfang August 1944 erstellte Romanmanuskript (»Version b«) vollständig erhalten geblieben. Von den ursprünglichen Tagebuchaufzeichnungen (»Version a«) fehlt jedoch jener Teil aus der Zeit zwischen Dezember

1942 und Dezember 1943[4] (dieser hatte ihr für die Arbeit an Version b aber offensichtlich noch zur Verfügung gestanden).

Was Leser der 1947 erschienenen Erstausgabe als *Het Achterhuis* (»Das Hinterhaus«) und Leser der deutschen Übersetzung von Anneliese Schütz 1950 als *Das Tagebuch der Anne Frank* kennenlernten, stellt eine von Otto Frank vorgenommene Auswahl aus den Versionen a und b dar, bei der er Version b als Grundlage verwendete und die er durch vier Texte über das Leben im Versteck aus dem »Geschichtenbuch« ergänzt hatte. In einigen Fällen mischte er innerhalb einzelner Tagebuchbriefe Ausschnitte aus Version a mit solchen aus Version b. Im Nachwort heißt es: »Bis auf wenige Stellen, die für den Leser wertlos sind, wurde der ursprüngliche Text abgedruckt.«[5] Die erste Übertragung in die deutsche Sprache, an deren Entstehung Otto Frank beteiligt war, wurde häufig kritisiert. (Zum einen liegt dies an der Entscheidung für eine eher ›freie‹ Übersetzung, die auch den Ton des Originals nicht immer angemessen wiedergibt. Zum anderen an der – vor dem Hintergrund der Entstehungszeit zu betrachtenden – Überzeugung, man könne deutschen Lesern einige harsche Äußerungen Anne Franks nur in abgemilderter Form zumuten. So wurde in der Bemerkung, es gebe keine größere Feindschaft auf der Welt als die zwischen Deutschen und Juden das Wort »diesen« ergänzt und hervorgehoben: »[E]ine größere Feindschaft als zwischen *diesen* Deutschen und den Juden gibt es

4 Die Bezeichnungen »Version [a]« und »Version[b]« wurden in Anlehnung an Gerrold van der Strooms Ausgabe der *Tagebücher der Anne Frank* (dort S. 205–210) übernommen.

5 *Tagebücher* 1988, Version c, S. 792.

DAS TAGEBUCH

DER

ANNE FRANK

14. Juni 1942 - 1. August 1944

Das Tagebuch zeichnet ein Bild der täglichen Hölle, aber auch eines der prallen Schönheit des Lebens. Kein Dichter unserer Zeit hat das Zwielicht unserer Situation, die sinnbildlich für uns alle genommen werden kann, so echt und ursprünglich schildern können wie dieses vierzehnjährige Mädchen, das sein armes, einsames und verängstigtes Leben dann doch noch, kurz vor Kriegsende, in Bergen-Belsen beendete. Das Buch hat wenig mit »Politik« zu tun und viel mit dem Menschen unserer Tage. Es geht nicht um ein zufälliges Schicksal einer Familie, es geht um ein gültiges Dokument, das stellvertretend für alle steht, und das, bitter-süßes Geschenk, uns von einem Kinde geschaffen worden ist.

»Deutsche Kommentare«

VERLAG LAMBERT SCHNEIDER · HEIDELBERG

Umschlag der deutschen Erstausgabe (1950)

nicht auf der Welt!«[6] Spätere Übertragungen – in deutscher Sprache vorgelegt von Mirjam Pressler – wurden von derartigen Bedenken nicht mehr beeinflusst. Die hier nun vorliegende Fassung entstand in dem Bemühen, möglichst vielen formalen wie inhaltlichen Eigenheiten der Vorlage gerecht zu werden und zugleich Bedürfnisse der Leser zu berücksichtigen (etwa durch Anmerkungen und die Vereinheitlichung bestimmter Schreibweisen).

Nachvollziehbar wurde die Entstehungsgeschichte von *Het Achterhuis* erst Mitte der 1980er Jahre: Der 1980 verstorbene Otto Frank hatte die Aufzeichnungen seiner jüngeren Tochter testamentarisch dem Niederländischen Staatlichen Institut für Kriegsdokumentation (RIOD), dem heutigen NIOD, vermacht. Dort entschloss man sich, die Tagebuchaufzeichnungen in einer vollständigen, auf der Grundlage von Anne Franks Manuskripten erstellten Ausgabe der Öffentlichkeit zugänglich zu machen: In der Zusammenschau werden die ursprünglichen Tagebuchaufzeichnungen, die von Anne Frank überarbeitete Version und der Text *Het Achterhuis* von 1947 (»Version c«) präsentiert.

In der deutschen kritischen Ausgabe von 1988 finden sich entsprechend die von Mirjam Pressler übersetzten Versionen a und b und die Übertragung von Anneliese Schütz (1950) als Version c.

2001 veröffentlichte Gerrold van der Stroom eine Kritische Ausgabe des »Geschichtenbuches«, und drei Jahre später erschien die ebenfalls von ihm betreute kritische Ausgabe des »Schöne-Sätze-Buches«.

6 *Tagebücher* 1988, Version c, S. 84.

Deutschsprachige Leser konnten die im »Geschichtenbuch« enthaltenen Texte sowie den unvollendeten Roman »Cady's leven« (»Cadys Leben«) zuerst in Auswahl 1960 und nahezu vollständig 1982 und das »Schöne-Sätze-Buch« erstmals 2013 als Teil der Gesamtausgabe kennenlernen.

Erst seit neuer Zeit kann man also beurteilen, über welch große schriftstellerische Begabung die mit nur 15 Jahren umgekommene Anne Frank verfügte, mit welcher Genauigkeit sie ihre Umgebung beobachtete, wie sorgfältig sie ihre Texte überarbeitete – und wie scharf sie ihre schriftstellerischen Versuche immer wieder selbst kritisierte. »Aus den Tagebüchern« wird somit nicht nur zu einem Denkmal für das Leben einer Gruppe im Versteck, sondern auch zu einem Beweis für den Verlust eines schriftstellerischen Talents.

Inhalt